essentials

essentials liefern aktuelles Wissen in konzentrierter Form. Die Essenz dessen, worauf es als „State-of-the-Art" in der gegenwärtigen Fachdiskussion oder in der Praxis ankommt. *essentials* informieren schnell, unkompliziert und verständlich

- als Einführung in ein aktuelles Thema aus Ihrem Fachgebiet
- als Einstieg in ein für Sie noch unbekanntes Themenfeld
- als Einblick, um zum Thema mitreden zu können

Die Bücher in elektronischer und gedruckter Form bringen das Expertenwissen von Springer-Fachautoren kompakt zur Darstellung. Sie sind besonders für die Nutzung als eBook auf Tablet-PCs, eBook-Readern und Smartphones geeignet. *essentials:* Wissensbausteine aus den Wirtschafts-, Sozial- und Geisteswissenschaften, aus Technik und Naturwissenschaften sowie aus Medizin, Psychologie und Gesundheitsberufen. Von renommierten Autoren aller Springer-Verlagsmarken.

Weitere Bände in der Reihe http://www.springer.com/series/13088

Jasmin Messerschmidt

Professionell coachen mit Bildmaterialien

Die Sprache des Unbewussten
verstehen und nutzen

 Springer

Jasmin Messerschmidt
Messerschmidt Coaching
Darmstadt, Hessen, Deutschland

ISSN 2197-6708   ISSN 2197-6716   (electronic)
essentials
ISBN 978-3-658-23691-5   ISBN 978-3-658-23692-2   (eBook)
https://doi.org/10.1007/978-3-658-23692-2

Die Deutsche Nationalbibliothek verzeichnet diese Publikation in der Deutschen Nationalbiblio-
grafie; detaillierte bibliografische Daten sind im Internet über http://dnb.d-nb.de abrufbar.

Springer ist ein Imprint der eingetragenen Gesellschaft Springer Fachmedien Wiesbaden GmbH
und ist ein Teil von Springer Nature
Die Anschrift der Gesellschaft ist: Abraham-Lincoln-Str. 46, 65189 Wiesbaden, Germany

Was Sie in diesem *essential* finden können

- Möglichkeiten, wie Sie Bildmaterialien (Fotos, Postkarten oder Kunstdrucke) im Coaching einsetzen können.
- Aktuelle wissenschaftliche Erklärungen zur Wirkungsweise von Bildmaterialien.
- Einen praktischen Leitfaden, wie Sie den Bildeinsatz Schritt für Schritt professionell und achtsam gestalten.
- Beispiele und Anregungen aus der Praxis, wie Sie mit Bildmaterialien erfolgreich umfassende Selbstreflexions- und Entwicklungsprozesse unterstützen können.

Inhaltsverzeichnis

Überblick: Was erwartet Sie?

The minute you begin to do what you really want to do, it's really a different kind of life[1] (Richard Buckminster Fuller).

Kunden kommen häufig mit Selbstmanagement-Anliegen in ein Coaching. Sie möchten besser mit Stress oder konkreten Belastungssituationen umgehen können, wünschen sich mehr Selbstsicherheit, möchten ihre Emotionen besser steuern, fokussierter arbeiten oder gesünder leben. All diesen Anliegen ist gemeinsam, dass die gewohnten problematischen Verhaltensweisen auf einer eher unbewussten Ebene ablaufen – vergleichbar mit einem Autopiloten. Jeder, der schon einmal versucht hat, häufiger bewusst „Nein" zu sagen, wenn ein Kollege eine Extra-Aufgabe vergeben wollte, oder der sich vorgenommen hatte, in der Präsentation vor dem wichtigen Kunden nicht so aufgeregt zu sein wie sonst, hat erlebt: Diese Vorhaben entziehen sich unserer willentlichen Kontrolle. Dies liegt daran, dass die automatische Verhaltenssteuerung durch zeitlich ältere Hirnteile erfolgt, die den stammesgeschichtlich jüngeren bewussten Verstand dominieren. Unsere Automatismen sind immer stärker und schneller als unsere bewussten Vorhaben und können nicht willentlich beeinflusst werden (vgl. Grawe 2000, S. 240).

Andere Kunden wiederum spüren ein diffuses Unwohlsein mit ihrer aktuellen beruflichen oder privaten Situation und finden trotz intensiven Nachdenkens die Ursachen oder Lösungsansätze für ein zufriedenstellendes Leben nicht heraus. Auch bei diesen Anliegen kann die Ursache auf einer unbewussten Ebene liegen, die für eine erfolgreiche Veränderung einbezogen werden muss (vgl. Rauen et al. 2011, S. 151).

---

[1] Mit freundlicher Genehmigung des Estate of Buckminster Fuller.

© Springer Fachmedien Wiesbaden GmbH, ein Teil von Springer Nature 2019
J. Messerschmidt, *Professionell coachen mit Bildmaterialien,* essentials,
https://doi.org/10.1007/978-3-658-23692-2_1

Doch wie ermöglicht man als Coach seinen Kunden Zugang zu diesen wertvollen unbewussten Informationen? Hier kann der Einsatz von Bildern auf
eine angenehme, unkomplizierte und gleichzeitig effektive Art und Weise Entwicklungsprozesse gut unterstützen. Bilder sprechen sowohl den Verstand als
auch die Gefühle an und können den Austausch mit unbewussten Aspekten fördern (Bucci 2002 zit. n. Storch 2011, S. 131). Über die Betrachtung von Bildern,
Fotos, Kunstdrucken oder Postkarten können unbewusste Aspekte wie Vorlieben,
Ängste, Bedürfnisse, Werte und Erfahrungen mit Leichtigkeit in den Coachingprozess integriert, Selbstreflexionsprozesse angeregt und stimmige Entwicklungsprozesse initiiert werden (vgl. Kuhl und Strehlau 2011, S. 179 f.). Gerade bei
zentralen Selbstmanagement-Anliegen im Coaching ermöglicht die Arbeit mit
Bildern auch auf unbewusster Ebene komplexe Veränderungen und steigert damit
die Wirksamkeit von Coachingprozessen. Gleichwohl ist die Arbeit mit Bildern
tiefgehend und anspruchsvoll und erfordert ein reflektiertes, achtsames und pro-
fessionelles Vorgehen des Coach.

In diesem *essential* erfahren Sie, wie Sie als Coach Ihre Kunden bei erfolgreichen Selbstmanagement-Vorhaben und stimmiger Persönlichkeitsentwicklung
mit ressourcenhaltigen Bildern wirkungsvoll unterstützen können. Das Buch
bietet eine Orientierung für Coaches und Berater, den Bildeinsatz für Coaching-
Kunden in der Praxis Schritt für Schritt professionell und wirksam zu gestalten
und sich mit Herausforderungen und Grenzen in der Arbeit mit Bildern
auseinanderzusetzen.[2] Außerdem unterstützt es die Integration dieser vielseitigen
Interventionsform in Ihren eigenen Coaching-Ansatz.

---

[2]Aus Gründen einer besseren Lesbarkeit wird die männliche Form von Coach, Berater etc.
genutzt. Es sind jeweils alle Geschlechter gemeint.

2 Theoretische Grundlagen für den Einsatz von Bildmaterialien im Einzelcoaching

> Meine Seele ist ein verborgenes Orchester; ich weiß nicht, welche Instrumente, Geigen und Harfen, Pauken und Trommeln, es in mir spielen und dröhnen lässt. Ich kenne mich nur als Symphonie (Fernando Pessoa, Das Buch der Unruhe, zitiert nach Damasio 2010, S. 1).

Im Coaching mit Bildmaterialien werden sowohl bewusste als auch unbewusste Aspekte in den Veränderungsprozess einbezogen. Dieses Kapitel beschreibt aktuelle wissenschaftliche Grundlagen. Darüber soll dem Leser ein fundiertes Verständnis von den Prozessen vermittelt werden, die der professionellen Arbeit mit Bildern zugrunde liegen.

2.1 Neurophysiologische Grundlagen für die Gestaltung von Selbstreflexions- und Entwicklungsprozessen

Angesichts der Relevanz neurobiologischer Faktoren für das menschliche Erleben, Handeln und Fühlen ist es naheliegend, diese Erkenntnisse auch im Coaching für die optimale Gestaltung von Reflexions-, Lern- und Lösungsprozessen zu nutzen (vgl. Hüther zitiert nach Baur 2010, S. 18 f.). Der Hirnforscher Damasio beschreibt das Gehirn als ein „Supersystem aus Systemen" (2012, S. 59), das sich auf der Basis der eigenen Erfahrungen mit dem Ziel, das psychobiologische Wohlbefinden zu erhalten, selbst organisiert. Aus dieser Perspektive ist die menschliche Psyche ein großer Erfahrungsschatz, eine Sammlung selbst erlebter und gespeicherter Erfahrungen (vgl. Storch und Krause 2014, S. 33 ff.). Zwei grundlegend unterschiedlich funktionierende Gedächtnissysteme, das explizite bzw. bewusste und das implizite bzw. unbewusste Gedächtnis erzeugen

© Springer Fachmedien Wiesbaden GmbH, ein Teil von Springer Nature 2019
J. Messerschmidt, *Professionell coachen mit Bildmaterialien*, essentials,
https://doi.org/10.1007/978-3-658-23692-2_2

und steuern das gesamte menschliche Verhalten und Erleben (vgl. Grawe 2000, S. 236, 374 ff.; G. Roth 2003, S. 155). Die Tab. 2.1 vergleicht beide Verarbeitungssysteme.

Das stammesgeschichtlich jüngere, explizite System befindet sich in der Großhirnrinde. Alltagssprachlich wird dieses Gedächtnis als Verstand bezeichnet. Es ist bewusstseinsfähig und verbunden „mit darauf fokussierter Aufmerksamkeit, mit willentlicher Kontrolle, mit dem Gefühl, dass man selbst es ist, der das jetzt erlebt" (Grawe 2004, S. 124). Aktiviert wird es in neuen, herausfordernden Situationen, bei komplexen Problemstellungen, Analysen und Planungen (vgl. G. Roth 2003, S. 239 f.). Es liefert präzise Fakten, logische Argumente und äußert sich über Sprache. Aufgrund der Kapazitätsbegrenzung des Verstandes verlaufen diese anspruchsvollen Denkprozesse sehr langsam. Sie sind störanfällig und energetisch aufwendiger als die Prozesse im stammesgeschichtlich älteren, sehr sparsam, zuverlässig und mühelos arbeitenden impliziten Gedächtnis (vgl. Grawe 2004, S. 124 f.). „Bewusstsein ist für das Gehirn ein Zustand, der tunlichst zu vermeiden und nur im Notfall einzusetzen ist" pointiert daher auch G. Roth (2003, S. 240). „Das Unbewusste bestimmt uns in unserem Handeln, insbesondere in den alltäglichen, aber auch in den ganz entscheidenden Dingen unseres Lebens stärker als das Bewusstsein" (vgl. Ryba 2018, S. 65). Im Gegensatz dazu können im nicht kapazitätsbegrenzten impliziten Gedächtnis gleichzeitig viele unterschiedliche Prozesse parallel ablaufen, ohne sich gegenseitig zu behindern (vgl. Grawe 2004, S. 124). Allerdings entziehen sich diese Aktivitäten der willentlichen Steuerung.

Tab. 2.1 Vergleich der beiden Informationsverarbeitungssysteme Verstand und Unbewusstes. (In Anlehnung an Grawe 2000, S. 236, 374 ff.; Weber 2018, S. 96)

	Verstand	Unbewusstes
Verarbeitungsmodus	Bewusst/explizit	Unbewusst/implizit
Geschwindigkeit	Langsam	Schnell
Kommunikationsmittel	Sprache	Somatische Marker (Gefühl)
Informationsverarbeitung	Seriell	Parallel
Bewertung	Richtig/falsch	Mag ich/mag ich nicht
Informationsschärfe	Exakt	Diffus
Aktivität	Pausen (Schlaf)	Permanent aktiv
Ausdehnung	Kapazitätsbegrenzt	Unbegrenzte Kapazität

2.2   Ergebnisorientierte Selbstreflexion als Voraussetzung für nachhaltige Entwicklung

Im Coaching geht es darum, sein Wissen über sich selbst zu erweitern, neue Lösungsoptionen für Probleme zu entwickeln und seinen Handlungsspielraum zu vergrößern (vgl. Martens-Schmid 2011, S. 63). Professionelle Coaches unterstützen die Entwicklung ihrer Kunden über die Förderung von systematischen Selbstreflexions- und Selbstwahrnehmungsprozessen (vgl. Dietz et al. 2012, S. 20). Selbstreflexion gilt als Schlüssel (vgl. Trager 2008, S. 2) für einen bewussten und erfolgreichen Veränderungsprozess. Im Verlauf seines Lebens entwickelt jeder Mensch eine Vorstellung über sich selbst als Person, das sogenannte „Selbstbild" („So bin ich!") (ebd., S. 6). Selbstreflexion bedeutet, dass eine Person bewusst über sich, ihr Denken, Fühlen und Handeln nachdenkt („Wie zufrieden bin ich mit meiner Präsentation vor dem Management?") und dabei auch unbewusste Aspekte im Rahmen einer sogenannten Selbstexploration intensiv erkundet („Wie wichtig ist mir, erfolgreich zu sein?") (vgl. Greif 2008, S. 22). Indem die Person sich selbst erforscht, gewinnt sie einen bewussten Eindruck von sich selbst, von ihren Bedürfnissen, Motiven und Interessen. Darüber entwickelt sie ein sogenanntes bewusstes „Selbstkonzept" („Mir ist wichtig, erfolgreich sein") (vgl. Trager 2008, S. 7). Dieses Selbstkonzept kann sie sprachlich beschreiben. Anschließend nimmt sie in den für sie relevanten Aspekten einen Vergleich ihres idealen Selbstkonzeptes („So wäre ich gerne!") mit ihrem realen Selbstkonzept vor („Ich wollte erfolgreich sein und es ist mir (nicht) gelungen"). Fällt dieser Vergleich negativ aus, kann sie zielgerichtete Veränderungsabsichten entwickeln („Vor / bei der nächsten Präsentation werde ich mehr / weniger …") (vgl. ebd., S. 10 ff.) und umsetzen.

Im Alltag finden Selbstreflexionsprozesse eher selten statt. Zum einen erfordern Selbstreflexionsprozesse die Integration bewusster als auch unbewusster Prozesse, wie Kuhl (2001) feststellt: „Diese Komplexität in der Selbstreflexion ist nur durch eine hohe Integrationsleistung zu erreichen, indem sich die emotionale Bewertung und das analytische Denken abwechseln" (zitiert nach Offermanns 2004, S. 105).

Zum anderen kann ein negativ ausgefallener Ist-Soll Vergleich des realen mit dem idealen Selbstkonzept das Selbstwertgefühl bedrohen. Auch stellen zufriedene Menschen selten Ist-Soll-Vergleiche an. Erst wenn der Vergleich des realen und idealen Selbstkonzeptes nicht wie gewünscht ausfällt und negative Gefühle auslöst und die Person dazu bereit ist, werden bewusste Selbstreflexionsprozesse aktiviert. Dann überlegt die Person, was sie tun kann, um diese Diskrepanzen zu verringern.

Im Coaching gewinnen Kunden über tiefergehende Selbstreflexionsprozesse und die Betrachtung von prägenden Erlebnissen, oder aus ihrer Sicht negativen Verhaltensweisen bzw. einschränkenden Einstellungen wichtige Erkenntnisse über sich als Person, die zu nachhaltigen, positiven Veränderungen führen können (vgl. Greif 2008, S. 94).

2.3   Selbstkongruente Lebensführung

Selbstkongruenz bedeutet, dass die bewussten, für ihn wichtigen Ziele, die ein Mensch verfolgt mit seinen unbewussten Bedürfnissen, Werten, Interessen und Einstellungen übereinstimmen (vgl. Rauen et al. 2011, S. 151). Nach Grant (2006, S. 162 ff.) sind selbstkongruente Ziele „in alignment with the coachee's core personal values". Viele Studien belegen die Relevanz einer selbstkongruenten Lebensführung für das Wohlbefinden und die Gesundheit (vgl. ebd.; vgl. Kuhl und Strehlau 2011, S. 178 ff.).

Erleben Menschen dauerhaft Inkongruenz, führt dies zu Unzufriedenheit, Demotivation, psychosomatischen Stresssymptomen bis hin zu Gefühlen von Leere und Burn-out. Eine selbstbestimmte und als kongruent wahrgenommene Lebensführung setzt voraus, dass Menschen einen guten Zugang zu unbewussten Aspekten haben und diese wahrnehmen können. Viele Coaching-Anliegen resultieren aus fehlender Selbstkongruenz. Vor allem in Stresssituationen fehlt der Zugang zu unbewussten Ebenen. Menschen können dann nicht unterscheiden, was sie selbst möchten und was sie eher fremdbestimmt tun oder halten sogar fremdbestimmte Erwartungen für selbstbestimmte Erwartungen. Dies erschwert eine stimmige und kongruente Lebensgestaltung und führt zu einem höheren Risiko, an psychosomatischen Symptomen zu erkranken (vgl. Baumann et al. 2005, zitiert nach Rauen et al. 2011, S. 151).

Coaching kann eine selbstkongruente Lebensweise fördern, indem unbewusste Bedürfnisse und Werte (wieder) entdeckt, mögliche Motivkonflikte erkannt, und Selbststeuerungskompetenzen zur Realisierung von selbstkongruenten Zielen entwickelt werden. Vor allem bei der Zielklärung zu Beginn eines Coachingprozesses sollte sichergestellt werden, dass die im Coaching angestrebten bewussten Ziele mit den verdeckten eigentlichen Bedürfnissen und Motiven des Kunden übereinstimmen. Die Aufgabe des Coach ist, den Kunden zu unterstützen, in Kontakt mit seinen unbewussten Bedürfnissen zu gelangen und erkennen zu können, was für ihn bedeutsam ist und was er seinem Leben wirklich anstrebt (vgl. ebd.). Um eine kongruente Entwicklung zu fördern, sollte der Coach sowohl das explizite als auch das implizite Gedächtnissystem in den Coachingprozess einbeziehen (vgl. Grawe 2004, S. 128).

2.4 Selbstreflexions- und stimmige Entwicklungsprozesse optimal fördern

Im Coaching werden primär sprachliche Interventionsmethoden genutzt. Allerdings sind diese überwiegend mit dem expliziten Funktionsmodus verbunden. Nach Storch und Krause (2014, S. 55) bewirken verbale Interventionen lediglich ein „intellektuelles Geplänkel im Kopf", führen aber nicht zu umfassenden Verhaltensänderungen. Vor allem bei tiefergehenden Anliegen, bei denen es um die Entwicklung der Persönlichkeit geht, müssen sowohl bewusste als auch unbewusste Aspekte in den Prozess integriert werden, da die Persönlichkeit überwiegend durch implizite Prozesse und Themen determiniert wird (vgl. Ryba 2018, S. 69). Erst über die Bewusstwerdung bislang unbewusster Aspekte seiner Persönlichkeit ist der Kunde in der Lage, einen ganzheitlichen und umfassenden Eindruck von sich, seinen Erfahrungen, Einstellungen und Bedürfnissen zu gewinnen und kongruente und umfängliche Entwicklungsprozesse zu gestalten. Allerdings besteht die Herausforderung darin, dass implizite Vorgänge nicht bewusst angesprochen, beeinflusst, aktiviert oder verbalisiert werden können.[1] Grawe (2000, S. 240) konstatiert: „Darüber reden gibt keinen Zugriff auf diese [unbewussten] Prozesse".

Wie kann der Coach den Zugang zu impliziten Anteilen unterstützen um diese wichtigen Informationen in den Prozess zu integrieren? Zunächst sollte der Coach eine offene, vertrauensvolle und entspannte Atmosphäre aufbauen. Günstig hierfür ist ein wenig zielorientiertes, eher indirektes Vorgehen (vgl. Rauen et al. 2011, S. 157). Zudem sollte er bestrebt sein, die menschlichen Grundbedürfnisse[2] zu erfüllen und darüber einen sicheren und für „entspannte" Selbstreflexionen förderlichen emotional-motivationalen Arbeitsrahmen aufbauen (vgl. Grawe 2004, S. 127 f.). Dann kann der Kunde sich sicher fühlen und ist bereit,

---

[1]Hierzu merkt G. Roth (2008, S. 72) an: „Wir sind uns selber undurchdringlich. Das [bewusste] Ich kann sich nicht oder nicht gründlich (d.h. auf den Grund) durchschauen!"

[2]Die vier Grundbedürfnisse nach Epstein (1990, zitiert nach Grawe 2000, S. 383 ff.) lauten: „das Bedürfnis nach Orientierung und Kontrolle", „das Bedürfnis nach Lustgewinn und Unlustvermeidung", „das Bindungsbedürfnis" und „das Bedürfnis nach Selbstwerterhöhung".

sich für neue Gedanken und Erfahrungen zu öffnen. Implizite Aspekte zeigen sich zunächst nur schemenhaft und undeutlich (ebd., S. 124), weswegen es schwerfällt, sie sprachlich detailliert zu beschreiben. Über entspannte Reflexionen und geeignete Interventionen können diese bislang unbewussten Themen allmählich ins Bewusstsein gelangen (vgl. Greif 2008, S. 116). Um das implizite System im Coaching anzuregen, eignen sich bildhafte, kreative, musische, gefühlsmäßige oder körperorientierte Interventionsformen (Kuhl und Strehlau 2011, S. 179).[3]

---

[3]Dies bedeutet für die Coaching-Praxis, das auch der Raum, in dem das Coaching stattfindet, Auswirkungen auf den Prozess haben kann.

Bilder als Übersetzer zwischen bewussten und unbewussten Ebenen

3

Wie unterstützen Bilder im Coaching die Verbindung und den Austausch zwischen den beiden grundverschiedenen Gehirnsystemen, damit bislang unbewusste Aspekte bewusst werden können. Die folgenden Seiten stellen drei Erklärungsmodelle vor.

3.1 Die Theorie der somatischen Marker

Die von Damasio (1994) entwickelte „Theorie der somatischen Marker" beschreibt, wie Menschen Zugang zu unbewussten Bedürfnissen und Motiven erhalten können. Demnach werden alle wichtigen biografischen Erfahrungen, die ein Mensch im Laufe seines Lebens gemacht hat, zusammen mit einer Bewertung – dem somatischen Marker – als (Körper-)Gefühl im sogenannten unbewussten emotionalen Erfahrungsgedächtnis gespeichert (vgl. Krause und Storch 2010, S. 21 f.). Befindet sich eine Person in einer neuen Situation, wird das emotionale Erfahrungsgedächtnis danach abgesucht, ob sie bereits eine ähnliche Situation erlebt hat. Sobald der Organismus fündig geworden ist, meldet sich der unbewusste somatische Marker und gibt seine Einschätzung ab. Diese fällt entweder positiv („Gut gewesen, wieder machen"), oder negativ („Schlecht gewesen, bleiben lassen") aus. Ein positiver somatischer Marker löst ein Annäherungsverhalten, ein negativer somatischer Marker ein Vermeidungsverhalten aus (Storch et al. 2011, S. 152). Das Signalsystem der somatischen Marker ermöglicht dem Menschen demnach Zugang zu seiner gesamten Lebenserfahrung, die in kürzester Zeit abgerufen werden kann. Damit ist er in der Lage, schnellstmöglich zu entscheiden, welches Verhalten in der aktuellen Situation für ihn vermutlich am günstigsten ist (vgl. Storch und Krause 2014, S. 48 f.).

Somatische Marker dienen also in unbekannten Situationen als Orientierungshilfe. Sie gelten als „evolutionär entstandenes, erfahrungsbasiertes Überlebenssystem"

J. Messerschmidt, *Professionell coachen mit Bildmaterialien*, essentials,
https://doi.org/10.1007/978-3-658-23692-2_3

(Storch und Krause 2014, S. 64), welches das psychobiologische Wohlbefinden sicherstellt, indem es dem Menschen ermöglicht, sich optimal an seine Umwelten anzupassen. Somatische Marker „äußern" sich sehr individuell. Sie können als körperliche Empfindungen wahrgenommen werden („ein wärmendes Bauchgefühl"), als Emotionen („Ich spüre Wut"), oder auch gemischt („sprudelndes Freiheitsgefühl") (vgl. Krause und Storch 2010, S. 21 f.). Bedeutsam ist, dass die unbewussten Signale für menschliches Verhalten bestimmend sind, selbst wenn sie nicht bewusst wahrgenommen werden (vgl. Storch und Krause 2014, S. 55).

Im Coaching können somatische Marker als „diagnostisches Leitsystem für Selbstkongruenz" (ebd., S. 48) genutzt werden, z. B. in Entscheidungssituationen oder Work-Life-Integration-Anliegen. Sie führen Menschen direkt zu impliziten Themen, können als körperliche und/oder emotionale Signale wahrgenommen und in ihrer Qualität und Intensität charakterisiert werden. Über die Beschreibung der Wahrnehmung gelangen sie in das Bewusstsein und können anschließend im Coaching weiterbearbeitet werden. Somatische Marker ermöglichen demnach den Zugang zu unbewussten Motiven und Bedürfnissen und deren Bewusstwerdung – in diesem Sinne also die Kommunikation mit dem Unbewussten (vgl. Krause und Storch 2010, S. 21). Deutlich wird die enge Verbindung des unbewussten emotionalen Erfahrungsgedächtnisses als Teil unseres impliziten Systems mit körperlichen Vorgängen. Für den Coach bedeutet dies, mit seinem Kunden in engem Kontakt zu stehen und für dessen Körpersprache sensibel und aufmerksam zu sein. Er kann diesen unterstützen, ein feines Gespür für die Signale seines Unbewussten zu entwickeln, die ihm als nützliche Hinweise für eine selbstkongruente Lebensführung dienen.

3.2   Multiple Code Theory

Bucci verbindet in ihrer „Multiple Code Theory" (2002) das Konzept von Damasio mit psychoanalytischen Ansätzen. Danach findet die Wahrnehmung und Verarbeitung von Informationen in zwei unterschiedlichen Arten von „Codes" statt, dem symbolischen und dem subsymbolischen. Codiert werden die Informationen in drei Varianten: Über Körpergefühle (subsymbolischer Code), Bilder (symbolisch-nonverbaler Code) und als abstrakte Buchstaben oder Worte (symbolisch-verbaler Code) (vgl. Storch 2009, zitiert nach Weber 2018, S. 100). Die Abb. 3.1 zeigt die drei verschiedenen Codes.

Verbunden sind die drei Systeme über einen Vorgang, den Bucci als referenziellen Prozess bezeichnet. Nach Bucci (2005 zitiert nach Weber 2018, S. 100) stellt eine gute Zusammenarbeit zwischen den drei Systemen die Basis für gesundes psychisches Funktionieren dar. Zwischen dem unbewussten subsymbolischen

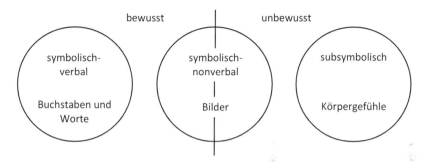

Abb. 3.1 Informations-Codes nach Bucci (In Anlehnung an Storch 2009, zitiert nach Weber 2018, S. 100)

System und dem bewussten symbolisch-verbalen System existiert jedoch keine direkte Verbindung. Um subsymbolische unbewusste körperliche oder sensorische Eindrücke in das abstrakte Bewusstsein zu bringen und verbalisieren zu können, braucht es eine Übersetzungshilfe.

Hier fällt Bildern eine zentrale Rolle zu. Der Bilder verarbeitende symbolisch-nonverbale Code ist an beide Systeme anschlussfähig, d.h. Bilder können sowohl bewusst als auch unbewusst verarbeitet werden und sprechen Verstand und Gefühlsebene an. „An jedem Wort hängt ein Bild und an jedem Bild hängt ein Gefühl" formuliert Storch (2011, S. 131).

Bilder stellen also eine „Verbindung" oder „Brücke" zwischen der Gefühls- und Denkwelt dar und unterstützen als „Medium" die intrapersonelle Kommunikation zwischen bewussten und unbewussten Anteilen (vgl. Messerschmidt 2015, S. 363). Sie ermöglichen, implizite Aspekte wahrzunehmen, zu erkennen, zu benennen und diese im Coaching zu nutzen und zu bearbeiten.

3.3   Symbolbildung nach Jung

Für C. G. Jung sind Symbole „Botschafter des Unbewussten" (W. Roth 2011, S. 167). Ihre Aufgabe besteht darin, das Bewusste und das Unbewusste miteinander zu verbinden, um unbewusste individuelle und kollektive[1] Inhalte sichtbar zu machen.

---

[1]Kollektive Symbole weisen auf Lebensthemen hin, die für die gesamte Menschheit relevant sind, wie z. B. der Sonnenverlauf (vgl. W. Roth 2011, S. 165 f.). Das kollektive Unbewusste stellt das angeborene psychische Erbe der gesamten Menschheit dar.

Menschen speichern ihre wichtigen Erfahrungen mitsamt der sie begleitenden Gefühle im impliziten System (vgl. Krause und Storch 2010, S. 21). Objekte, Situationen oder Bilder können diese unbewusst gespeicherten Körper-(Gefühle) ansprechen, aktivieren und Resonanz erzeugen. Über diesen Projektionsvorgang werden sie zu Symbolen. Jedes Bild oder Objekt, das uns anspricht und uns spontan und unbewusst emotional berührt, ist ein Symbol und ein Träger impliziter Botschaften (vgl. W. Roth 2011, S. 160). Indem der Mensch darüber reflektiert, kann die Bedeutung dieser unbewussten Botschaft erkannt werden, indem der Mensch darüber reflektiert. Symbole führen uns zu bedeutsamen Lebensthemen, die auf die Bearbeitung warten und geben – wenn man sie wahrnimmt – die menschliche Entwicklungsrichtung vor. Abb. 3.2 veranschaulicht diesen Prozess.

Auch Bilder oder Kunstwerke können Symbole sein. „Indem wir unsere gefühlsmäßigen Reaktionen bewusst wahrnehmen, werden Bilder und Kunstwerke zu Symbolen, die uns mit den schöpferischen Kräften im Unbewussten verbinden" (Briendl 2008, S. 14). Über den Prozess der Symbolbildung können

Abb. 3.2 Prozess der Symbolbildung in Anlehnung an C.G. Jung

Bild, Foto, Kunstwerk

Resonanz
Erfahrungen im impliziten System

Projektion
Bild wird Symbolträger

Austausch
unbewusst - bewusst

Erkenntnis
Bedeutung für den Menschen

unbewusste Themen wahrgenommen, ihre Bedeutung verstanden und neue stimmige Entwicklungsprozesse initiiert werden. Die zentrale Frage im Coaching lautet: „Was hat die Resonanz, die das Bild in mir auslöst mit mir und meinen Lebensthemen zu tun"? Diese Bedeutung des Symbols für den Kunden gilt es im Coachingprozess herauszufinden.

4 Ansätze zur Förderung von Entwicklungsprozessen mit Bildern

In diesem Kapitel werden verschiedene Methoden vorgestellt, wie über den Einsatz von Bildern, Postkarten, Fotos, Kunstdrucken und Gemälden Selbstreflexionsprozesse angeregt und ganzheitliche Veränderungsprozesse wirksam unterstützt werden können.

4.1 Bildmaterialien im Beratungsprozess

Für den Einsatz von konkreten Bildmaterialien stellt sich der Coach entweder seine eigene Sammlung von Magazinbildern, Kunstdrucken, Fotos oder Postkarten nach bestimmten Kriterien selbst zusammen oder er kauft eine fertige Bildkartei, die aus einem feststehenden Set von Bildern oder Fotografien besteht. Als weitere Alternative sucht sich der Kunde bis zum nächsten Coaching -Termin ein eigenes Bild aus, das ihn in einem Magazin, auf einer Postkarte, im Internet etc. angesprochen hat. Die eingesetzten Bildmaterialien dienen als Projektionshilfe, die zu den relevanten unbewussten Themen führt, sie sichtbar macht und Impulse für die weitere Entwicklung bzw. Problemlösung geben soll. Im Coaching betrachtet der Kunde diese Bildmaterialien. Er nimmt wahr, welche Empfindungen und Assoziationen ausgelöst werden. Diese Resonanzen werden im Dialog mit dem Coach besprochen und interpretiert. Es werden intensive Selbstreflexionsprozesse angeregt, die zu neuen Erkenntnissen bezogen auf das Thema oder auf sich als Person führen und bislang nicht gesehene Perspektiven, Lösungen oder Ressourcen eröffnen können (vgl. Schmeer und Liebich 2008, S. 34).

© Springer Fachmedien Wiesbaden GmbH, ein Teil von Springer Nature 2019
J. Messerschmidt, *Professionell coachen mit Bildmaterialien,* essentials,
https://doi.org/10.1007/978-3-658-23692-2_4

4.2   Zürcher Ressourcen Modell (ZRM®)

Nach der ZRM®-Methode von Storch und Krause (2001) setzen erfolgreiche Veränderungsvorhaben voraus, dass sie sowohl vom bewussten als auch vom unbewussten System akzeptiert und gewünscht sind. Daher werden im ZRM® bereits zu Beginn des Coachingprozesses unbewusste Bedürfnisse in den Veränderungsprozess einbezogen und mit bewussten Motiven abgestimmt (vgl. Storch und Krause 2014, S. 89 f.). Den Zugang zu unbewussten Aspekten erhält der Kunde über ressourcenhaltige Bilder. Diese dienen als Stimulus, um die unbewussten Bewertungssignale (somatischen Marker), anzusprechen und einen „Dialog zwischen bewusster Verstandesebene und unbewussten Ebenen des psychischen Systems" (Krause und Storch 2010, S. 26) zu initiieren. Anhand seiner somatischen Marker wählt der Kunde aus 64 Bildern drei bis fünf aus, die bei ihm ausschließlich positive Gefühle auslösen.

An die Bildauswahl schließt sich ein Assoziationsverfahren an, in dem die bislang unbewusste Bedeutung der Bilder für den Kunden Schritt für Schritt herausgearbeitet wird. Der Coach sammelt alle positiven Assoziationen, die dem Kunden zu seinen Bildern einfallen, bietet sparsam dosiert eigene Assoziationen an und generiert so eine Fülle von sprachlichem d.h. bewusstem Material. Anhand der somatischen Marker wertet der Kunde diese Assoziationssammlung anschließend aus und extrahiert über mehrere Reflexionsschleifen allmählich die Bedeutung des (der) ausgewählten Bildes(r) für sich. Das Bild versetzt den Kunden in die Lage, sein eigenes Unbewusstes selbstständig zu explorieren (vgl. ebd., S. 20). Er gewinnt Eindrücke von bislang impliziten Aspekten und bringt diese mit seinen bewussten Motiven in Zusammenhang (vgl. ebd., S. 30). Anschließend konkretisiert und verbalisiert er sein persönliches, für ihn zentral bedeutsames Thema, Anliegen oder Wunschverhalten. Ziel der Bildauswahl und Bildinterpretation ist, ein mit dem Unbewussten abgestimmtes Thema bzw. Anliegen formuliert zu haben, das die Arbeitsrichtung im Coaching vorgibt (ebd., S. 56).

Im Anschluss wird das persönliche Thema schrittweise in ein sogenanntes Mottoziel überführt. Mottoziele beschreiben eine bestimmte innere Haltung, aus der heraus eine Person zukünftig handeln möchte, z. B. „Ich bin die Ruhe selbst" (Anliegen Selbststeuerung), „Nur vorne gibt's Geld" (Anliegen Akquise) oder „Bei mir ist die Macht in guten Händen" (Anliegen Durchsetzung). Mottoziele sind bildhaft, metaphorisch und fast kitschig formuliert und lösen starke positive körperliche Gefühle (somatische Marker) aus (vgl. Storch 2011, S. 133). Sie motivieren das unbewusste System, das Wunschverhalten auszuführen.

Über den ZRM®-Prozess werden das Bewusste und Unbewusste synchronisiert, wodurch die erfolgreiche Umsetzung des Veränderungsvorhabens sowie die Bildung selbstkongruenter Ziele deutlich unterstützt wird.

4.3 Kombination von selbstgemalten Bildern und Magazinbildern

In ihrem ressourcenorientierten Ansatz setzen Schmeer und Liebich (2008) Magazinbilder und selbstgemalte Bilder vor allem bei der Auftragsklärung und Zielformulierung ein.

Zunächst malt der Kunde ein sogenanntes „Initialbild" von seiner aktuellen Situation. Dieses wird gemeinsam mit dem Coach beschrieben, analysiert und interpretiert. Ziel des Dialogs ist, mögliche Kernthemen des Coachings herauszufiltern und unterstützende Ressourcen für diesen Prozess bewusst zu machen (vgl. ebd., S. 32). Danach wählt der Kunde aus einigen vorliegenden Magazinbildern zwei Bilder aus, von denen eines angenehme, das andere unangenehme Gefühle bei ihm auslöst. Dies fördert die Offenheit, auch widersprüchliche Gefühle, Motive, Wünsche und Bedürfnisse zuzulassen und zu betrachten. Häufig ergänzen die gewählten Magazinbilder das selbstgemalte Bild um wichtige Aspekte und Themen: Das negative Magazinbild macht eigene Befürchtungen und Ängste sichtbar, das Positive legt den Scheinwerfer auf Ziele und Wünsche und verweist auf mögliche Lösungsansätze (vgl. ebd., S. 34). Im gemeinsamen Dialog wird über die Magazinbilder das verengte Initialbild der aktuellen problematischen Situation um die in den Magazinbildern enthaltenen positiven Aspekte erweitert und der Blick auf Lösungen und vorhandene, verschüttete Ressourcen gelegt. Die Sicht auf eigene Anteile am Problem kann zugelassen werden und es entstehen neue Perspektiven, die den Handlungsrahmen erweitern. Im Anschluss daran arbeiten Schmeer und Liebich überwiegend mit sprachlichen Methoden weiter, allerdings auf einer tieferen Ebene und mit deutlich mehr Hintergrundwissen und Klarheit als zu Beginn des Prozesses.

4.4 Positives Selbstbild

„Positive-Selbstbild-Arbeit" nennt die Fotografin Kianmehr ihren Ansatz (2017)[1]. Dabei kombiniert sie das Modell der „Charakterstärken" aus der Positiven Psychologie nach Peterson und Seligman (2004) mit eigenen ressourcenhaltigen Foto-Motiven. Ziel ist, den Kunden zu unterstützen, sich selbst gegenüber ein wohlwollendes und positives Gefühl zu entwickeln und sein Selbstvertrauen

---

[1]Das Interview der Autorin mit der Fotografin Kianmehr fand am 09.05.2018 statt.

und Selbstwertgefühl zu stärken. Dieser positive Blick auf sich selbst kann eine aktive, zufriedenstellende Lebensgestaltung unterstützen. Darüber hinaus kann dieser Ansatz auch für konkrete Anliegen angewendet werden. Entsprechend dem Kerngedanken der positiven Psychologie, Stärken zu stärken, wählt der Kunde spontan diejenigen Charakterstärken aus, die in seiner Selbsteinschätzung am meisten auf ihn zutreffen. Danach wählt er intuitiv die Fotomotive aus, die ihn ganz besonders berühren. Der Coach notiert stichwortartig die positiven Assoziationen des Kunden und unterstützt ihn, aus diesen einen motivierenden und stärkenden Mottosatz[2] zu bilden. Dieser Mottosatz versetzt den Kunden in den „Prozess des Aufblühens" (Seligman 2011). Genau in dem Moment, wo sich der Kunde dessen bewusst wird, entsteht ein Portrait-Foto. Dieses „Positive Selbstbild" soll den Kunden jederzeit an seine Fähigkeit zur positiven, aktiven Selbststeuerung erinnern.

Auf Wunsch kann der Kunde mit „Positiven Interventionen" seinen wohlwollenden Blick auf sich selbst und seine Umwelt gezielt trainieren und die Erfahrungen zu einem späteren Zeitpunkt gemeinsam mit dem Coach reflektieren. In diesem individuellen Prozessverlauf können bei Bedarf auch weitere Fotos entstehen.

4.5   Kunst als Medium im Beratungsprozess

Auch Kunstwerke in Museen eignen sich für die Kommunikation mit dem Unbewussten und können intensive Selbstreflexions- und Selbstentwicklungsprozesse initiieren. Fühlen sich Menschen bei der Betrachtung von Kunstwerken emotional angezogen oder abgestoßen, entstehen Resonanzen und das Werk wirkt als Symbol unbewusst auf sie ein. Der Betrachter setzt sich mit diesen Resonanzen, die durch das Werk bei ihm ausgelöst wurden, auseinander. Der Coach fördert diesen Reflexionsprozess, indem er den Kunden zum freien Assoziieren einlädt und dessen Assoziationen spiegelt. Zwischen Betrachter, Coach und Kunstwerk entsteht ein intensiver Dialog (vgl. Graubner et al. 2011, S. 407). In der Auseinandersetzung und im Kontakt mit Kunstwerken, die Resonanzen auslösen, erkennen und verstehen Menschen ihre eigenen Lebensthemen und es werden Ansatzpunkte für Veränderung und Entwicklung sichtbar (vgl. Kast 2007, S. 9).

---

[2]Entsprechend der Mottozielbildung im ZRM®-Ansatz von Storch und Krause (2014, S. 235 ff.).

In der von Christine Kranz entwickelten Symbolon®-Methode werden aus-
gewählte Kunstwerke bzw. Drucke von Kunstwerken für die Persönlichkeitsentwicklung von Menschen in der Wirtschaft eingesetzt. Kunst dient hier als
„Plattform für Selbstreflexionsprozesse" (Kranz 2011a, S. 29). Der Ansatz basiert
auf den Arbeiten von C.G. Jung. Ziel ist, den Symbolgehalt von Meisterwerken in
den aktuellen beruflichen Kontext zu übersetzen und individuelle Entwicklungs-
potenziale zu identifizieren. „Kunstwerke sind Spiegel, die äußere Aufmerksamkeit nach innen lenken. Unsichtbares wird sichtbar, Wesentliches erkannt" (Kranz
2011a, Einband).

Im Zentrum der Betrachtung und Reflexion steht nicht die rationale Analyse
des Werkes, sondern die emotionale Auseinandersetzung mit den Assoziationen
und Empfindungen, die das Kunstwerk bei Menschen auslöst (vgl. ebd., S. 71).
Die symbolischen Bilder werden in einen Zusammenhang mit den, für Menschen
schon immer bedeutsamen, kollektiven Symbolen gebracht, um den Sinngehalt
der eigenen Symbolbildung besser und umfassender zu verstehen (vgl. W. Roth
2011, S. 250). Anhand ausgewählter Fragen wird ein Reflexionsprozess mit dem
Werk initiiert, der die wesentlichen Aspekte des eigenen Lebens, wie z. B. individuelle Werte, Bedürfnisse und Lebensprinzipien, sichtbar und bewusst macht und
die Persönlichkeitsentwicklung wirksam unterstützt. Ziel ist, in der Auseinandersetzung mit seiner Innenwelt eine „Lebenshaltung [zu finden], die sich auf das
Wesentliche ausrichtet" (Kranz 2011b, S. 12), um in der Außenwelt Bedeutsames
aufzubauen.

4.6 Essenz

> In der Begegnung mit dem Bild begegnen wir immer auch uns selbst (Briendl 2008,
> S. 118).

Die Wirkung von Postkarten, Bildern, Drucken, Fotos oder Kunstwerken in
Museen, die der Kunde betrachtet, basiert auf dem gleichen Prinzip: Die zentrale Frage für den Betrachter lautet: „Was hat die Resonanz, die durch die Bild-
betrachtung oder die Bildgestaltung in mir ausgelöst wird, mit mir als Mensch
und mit meiner aktuellen Lebenssituation zu tun?" „Bilder, die zu uns sprechen, die uns emotional berühren, wecken eine Resonanz in unserer eigenen
Psyche, lösen Emotionen aus, sammeln Assoziationen, die für uns im Moment
wichtig sein können, sonst würde uns das Bild nicht so berühren (…) Was uns
berührt, das geht uns auch an" (Kast 2007, S. 9). Wir kommen in Kontakt mit

unbewussten Aspekten unserer Persönlichkeit, mit dem, was wir vielleicht geahnt, aber bislang nicht benennen konnten, weil es uns eben nicht bewusst war.

Setzen Menschen sich mit den durch ein Bild oder Kunstwerk ausgelösten Resonanzen und deren Bedeutungen auseinander, erfolgt ein Austausch zwischen bewussten und unbewussten Anteilen ihrer Persönlichkeit. Im Dialog mit dem Bild entsteht ein Reflexionsprozess, den der Coach durch Fragen unterstützt. Über diesen gelungenen Bewusstwerdungsprozess können Zusammenhänge erkannt und neue Lösungen entwickelt und umgesetzt werden.

Voraussetzungen für ein professionelles Coaching mit Bildern

Die vertrauensvolle und tragfähige Coach-Kunden-Beziehung bildet auch in der Arbeit mit Bildern die Basis für ein erfolgreiches Coaching (vgl. Messerschmidt 2018, S. 83). Der Coach nimmt eine wertschätzende, authentische und empathische Haltung ein und zeigt wahrhaftes Interesse an der Person des Kunden und dessen Problemlösung. Wie bei jedem anderen Coaching gelten auch hier die Basisvariablen Freiwilligkeit, Diskretion, Offenheit, Transparenz, gegenseitige Akzeptanz und eine respektvolle Interaktion auf Augenhöhe. Der Kunde sollte Wunsch und Bereitschaft zur Veränderung mitbringen, seinen eigenen Anteil am Problem erkennen sowie über funktionierende Selbstmanagementfähigkeiten verfügen können (vgl. Rauen 2011, S. 153 f.). Da es sich bei dem Einsatz von Bildmaterialien um eine für manche Kunden – und auch Coach – ungewöhnliche Methode handelt, gibt es coach- und kundenseitig sowie in Bezug auf die eingesetzten Bildmaterialien einige Voraussetzungen für eine erfolgreiche Intervention.

5.1 Passung der Methode zu dem Coach

Diese Methode passt zu Coaches, die ein authentisches Interesse an Bildern, Fotografie oder Kunst haben, die sich von Bildern angesprochen fühlen und in Resonanz dazu gehen (vgl. Messerschmidt 2015, S. 328 f.). Der Coach sollte selbst von der Wirksamkeit dieser Methode überzeugt sein, sie optimalerweise selbst erfahren haben und die Bedeutung impliziter Prozesse für menschliches Handeln und Erleben anerkennen (vgl. ebd., S. 373). Diese innere Überzeugung ist notwendig, um den Kunden für eine vielleicht etwas ungewöhnliche Intervention zu „gewinnen" (vgl. Schreyögg 2012). Diese Haltung ermöglicht Gelassenheit und Souveränität, auch wenn beispielsweise eine Führungskraft

© Springer Fachmedien Wiesbaden GmbH, ein Teil von Springer Nature 2019
J. Messerschmidt, *Professionell coachen mit Bildmaterialien,* essentials,
https://doi.org/10.1007/978-3-658-23692-2_5

auf den Vorschlag, Bildmaterialien einzusetzen, mit Skepsis reagiert („Ach Sie meinen Tarot Karten?") (vgl. Schmeer und Liebich 2008, S. 32; Messerschmidt 2015, S. 369). Vor allem im Executive-Coaching müssen manche Coaches sich vor dem ersten Bildeinsatz „einen inneren Ruck" geben, um sich zu trauen (vgl. ebd., S. 339). Für den Prozessverlauf sollte der Coach einen eindeutigen Rahmen vorgeben und Zielsetzung, Ablauf und Wirkung dieser Intervention auch für sehr rationale Kunden nachvollziehbar und transparent erklären und auch kritische Zwischenfragen beantworten können (vgl. ebd., S. 369).

5.2   Passung der Methode zu dem Kunden

Auch bei großer Begeisterung für diese Methode sollte der Coach Bildmaterialien nicht beliebig einsetzen, sondern dem Anliegen und der Persönlichkeit des Kunden entsprechend (vgl. Schreyögg 2001, S. 280 f.). Die Arbeit mit Bildern passt gut zu Kunden mit einem guten Zugang zu Gefühlen und einer Offenheit gegenüber ungewöhnlichen Methoden. Der Zugang zu Gefühlen ist deshalb wichtig, weil es in der Arbeit darum geht, die Resonanzen wahrzunehmen, die Bilder auf der unbewussten Körper- oder Gefühlsebene auslösen. Aber auch bei sehr analytisch denkenden Kunden kann über den Einsatz von Bildern der Zugang zu Gefühlen und Intuitionen gewonnen werden und ein stärkerer Effekt erzielt werden als über sprachliche Methoden allein. Auf die Ankündigung mit Bildern zu arbeiten, reagieren Kunden zunächst meist etwas überrascht. Jedoch wandelt sich diese spontane Erstreaktion sehr schnell in Akzeptanz und teilweise Begeisterung um (vgl. Messerschmidt 2015, S. 369).

5.3   Welche Bildmaterialien eignen sich?

Ein Coach kann mit Bildersammlungen arbeiten, die er selbst zusammengestellt hat. Es eignen sich Postkarten, laminierte Magazinbilder, Kunstdrucke und Fotos. Zunehmend können Bildersets käuflich erworben werden, was gegenüber eigenen Sammlungen den Vorteil einer professionellen, seriösen Wirkung bei Kunden haben kann. Bei eigenen Sammlungen sollte der Coach auf eine hochwertige Präsentation, hohe Bildqualität sowie „formale Gleichheit" Wert legen.

Ob ein Bild geeignet ist, den Zugang zu unbewussten Aspekten zu ermöglichen, hängt von den beiden Kriterien „Ausdrucksstärke" und „Assoziationsfreiraum" ab (vgl. Messerschmidt 2015, S. 484; vgl. Krause und Storch 2010, S. 94).

Das Kriterium „Ausdrucksstärke" wird durch das Motiv, die Bildgröße und die farbliche Gestaltung bestimmt. Ausdrucksstarke Bilder sprechen die Gefühlsebene an. Vor allem Großformate (DIN A4) und bunte Bildmaterialien erzielen eine große Wirkung, da farbige Bilder bei den meisten Menschen stärkere Emotionen auslösen als schwarz-weiße (Shiv und Feodorikhin 1999, zitiert nach Krause und Storch 2010, S. 20).

Bilder mit einem großen Assoziationsfreiraum sind mehrdeutig interpretierbar, d. h. dasselbe Bild löst bei unterschiedlichen Menschen verschiedene Assoziationen und Gefühle aus. Um bei selbst zusammengestellten Sammlungen bei unterschiedlichsten Kunden eine hohe Identifikation zu ermöglichen, sollte der Coach auf eine breite Auswahl der Bildmotive achten. Auch sollte er Bilder nicht nur nach seinem persönlichen Geschmack aussuchen, sondern im Austausch mit anderen die Wirkung prüfen oder sich auch bewusst gegen den eigenen Geschmack entscheiden.

Die Anzahl der präsentierten Bilder kann von einem bis 70 Bildern variieren. Ob ein Coach nur Bildmotive einsetzt, die Ressourcen wecken oder ob er auch neutrale Emotionen auslösen möchte, sollte er in Abhängigkeit von seinem beraterischen Ansatz und Können sehr bewusst entscheiden. Einige Kunden schätzen realistische Bilder jenseits von „rosarot". Allerdings sollten die auf den Bildern dargestellten Motive auf keinen Fall Gefühle von Angst oder Kontrollverlust auslösen (vgl. Messerschmidt 2015, S. 367 f.).

Prozessschritte: Vorgehen Schritt für Schritt

Der hier beschriebene „Basis-Prozessablauf" bezieht sich auf die Vorgehensweise, wenn der Kunde aus einer Bildersammlung eines oder mehrere Bilder aussuchen soll.

1. Einladung in die Methode
2. Aktivieren der Gefühlsebene
3. Präsentation der Bildmaterialien
4. Formulieren einer konkreten Fragestellung
5. Bildauswahl durch den Kunden
6. Prozess der Bedeutungsgebung
7. Transfer
8. Abschluss
9. Folgeprozess

Im Folgenden wird der Prozessablauf anhand eines konkreten Fallbeispiels[1] dargestellt.

---

[1]Bei den in diesem Buch dargelegten Beispielen handelt es sich um stark anonymisierte Praxisfälle. Jegliche Ähnlichkeit mit Personen ist rein zufällig.

© Springer Fachmedien Wiesbaden GmbH, ein Teil von Springer Nature 2019
J. Messerschmidt, *Professionell coachen mit Bildmaterialien*, essentials,
https://doi.org/10.1007/978-3-658-23692-2_6

6.1   Fallbeschreibung: Das ursächliche Anliegen

Eine Frau, ca. 40 Jahre, Geschäftsführerin eines Betriebs mit 20 Mitarbeitern kommt in ein Coaching. Ihr kleines Unternehmen ist in den letzten zwei Jahren sehr schnell gewachsen. Ihr Ziel ist, ihr Führungsverhalten und die Prozesse an die Größe des Betriebes anzupassen. Sie berichtet von vielen Problemen im Betrieb, von hoher Fluktuation, der Schwierigkeit neue Mitarbeiter zu finden, von Konflikten und Unzuverlässigkeit. Insgesamt wirkt sie auf mich unzufrieden, latent verärgert und nervös. Bei ihren Erzählungen gewinne ich den Eindruck, dass sie kaum über sich selbst spricht. Auf die Fragen, die ich ihr zu ihrer Person und Rolle als Geschäftsführerin stelle, spult sie eher stereotype Antworten ab und formuliert Worthülsen (vgl. Schreyögg 2001, S. 252). Es scheint, als fehle ihr der Kontakt zu sich selbst. Ich bilde die Hypothese, dass sie ein diffuses Unzufriedenheitsgefühl erlebt, sich der zugrunde liegenden Ursachen aber nur wenig bewusst ist (vgl. Schreyögg 2001, S. 166) und dass es sich bei den von ihr präsentierten Anliegen eher um Oberflächenthemen handeln könnte. Um ihre Situation auch nachhaltig deutlich zu verbessern, müssten wir im Coaching an den tatsächlichen Ursachen arbeiten und zunächst den konkreten Veränderungsbedarf, also das „Thema hinter dem Thema" identifizieren. Hierfür möchte ich die Kundin stärker in den Kontakt mit sich und ihren Gefühlen bringen und setze daher Bildmaterialien ein.

1. Einladung in die Methode
Zunächst stelle ich meiner Kundin die Methode vor, mit der Absicht, ihr die Entscheidung darüber zu überlassen, ob wir tatsächlich mit Bildern arbeiten. Da es sich für sie um eine ungewöhnliche Methode handeln könnte, ist eine sorgfältige und an den Kunden angepasste, verständliche Einführung der Methode wichtig und notwendig. Ich dosiere die Informationen sparsam und prüfe, ob die Informationsmenge ausreicht, damit sie „mitgehen kann".

„Aufgrund meiner Erfahrung könnte ich mir vorstellen, dass bei Ihrem Anliegen die Arbeit mit Bildern sehr nützlich sein kann. Diese Methode mag vielleicht auf Sie zunächst etwas ungewöhnlich wirken, aber die positive Wirkung überzeugt mich und meine Kunden immer wieder aufs Neue. Haben Sie vielleicht Lust, sich darauf einzulassen? Natürlich ist es Ihre Entscheidung".

Alternativ: „Aufgrund meiner Erfahrungen schlage ich vor, dass wir mit Bildern arbeiten. Die aktuelle Hirnforschung geht davon aus, dass es für Veränderungsprozesse sehr wichtig sein kann, neben dem Verstand auch Gefühle einzubeziehen. Bilder sprechen Gefühle stärker an als Worte. Wenn Sie möchten, zeige ich Ihnen gleich einige Bilder. Sie können sich daraus ein Bild auswählen, das positiv auf Sie wirkt und das Sie in Ihrer aktuellen Situation gut unterstützt. Anschließend beschäftigen wir uns mit diesem Bild und versuchen die Bedeutung für Sie herauszufinden. Dies wirkt auf Sie vielleicht im ersten Moment etwas ungewöhnlich, führt aber oft zu guten Ergebnissen. Wollen wir damit arbeiten?"

2. Aktivieren der Gefühlsebene
Bilder erzeugen auf der impliziten Ebene Resonanz bzw. aktivieren somatische Marker. Eine zentrale Voraussetzung ist daher, dass die Kundin vor der Bildauswahl Kontakt zu ihrem Körper und zu ihren Gefühlen hat, damit sie in der Lage ist, ihre somatischen Marker oder die Resonanz, die das Bild in ihr auslöst, wahrzunehmen.

Hierzu führe ich gemeinsam mit ihr eine kurze Atemübung durch.[2] Sie wirkt anschließend etwas entspannter und mehr bei sich. Mein Ziel ist, dass sie sich über ihre positiven somatischen Marker ressourcenhaltige, stärkende Bilder aussucht. Um sie in Kontakt zu ihren somatischen Markern zu bringen, bitte ich sie, sich an eine schöne Situation zu erinnern, bei der sie im Alltag entspannt. Sie sagt: „Beim Zeitung lesen am Sonntag im Bett mit Kaffee". Ich rege an, sich an eine solche Situation zu erinnern und sich vorzustellen, sie sei jetzt in der Situation. Ich frage, was sie fühlt. „Ein wohliges Gefühl". „Wo genau?" Sie fasst sich an den Hals und an ihr Dekolleté. „Was spüren Sie?" „Ein wärmendes Gefühl". Sie hat die Augen geschlossenen und ihr Gesicht wirkt entspannt. Sie lächelt. Ich deute dies als Zeichen, dass sie – erst jetzt – in einem guten Kontakt mit sich selbst und ihren positiven Gefühlen ist. Wir können mit der Bildauswahl beginnen.

3. Präsentation der Bildmaterialien
Um den Kontakt zu unbewussten Aspekten nicht zu stören, sollte der Coach den Ablauf im Vorfeld genau erklären, damit der Kunde während des Prozesses der Bildauswahl und Bedeutungsgebung nicht irritiert ist.

Je nach den räumlichen Gegebenheiten werden Bildmaterialien auf dem Boden oder auf einem Tisch ausgelegt, an den Wänden befestigt oder dem Kunden in 10er Stapeln präsentiert, aus denen er jeweils die für ihn wichtigsten auswählt.

---

[2]Auch eine kurze Entspannungs- oder Körperreise wäre geeignet gewesen.

4. Formulieren einer konkreten Fragestellung

Der Coach bittet in der Einstiegsfrage den Kunden, ein Bild auszuwählen, das ihn in Bezug auf sein Anliegen unterstützt. „Ich zeige Ihnen jetzt insgesamt 50 Fotos[3], jeweils in 10er Stapeln. Schauen Sie sich die Bilder zügig an und wählen Sie ein bis drei Bilder aus, die bei Ihnen absolut positive Gefühle auslösen, Sie stärken, Sie lächeln lassen, oder die Ihnen guttun. Es geht nicht um eine Analyse der Bilder, sondern es geht darum, welche Gefühle Sie spüren. Es könnte sein, dass Ihnen die Auswahl leichter fällt, wenn Sie zwei Stapel bilden, einen mit Bildern, die Sie positiv ansprechen und einen Stapel mit Bildern, die das nicht tun".

5. Bildauswahl durch den Kunden

Ich gebe ihr die ersten 10 Bilder und achte darauf, dass sie die Bilder mit dem Gefühl auswählt und nicht mit dem Verstand. Somatische Marker melden sich in kürzester Zeit (200 ms), der Verstand braucht deutlich länger. Wenn ich den Eindruck habe, dass sie mit ihrer Aufmerksamkeit zu lange auf einem Bild verweilt und es mit dem Verstand analysiert, erinnere ich sie freundlich daran, die Bilder anhand von positiven Gefühlen auszuwählen. Während der Bildauswahl beobachte ich meine Kundin. Kunden suchen sich ein Bild danach aus, inwieweit es zu Ihnen passt, d. h. inwieweit sie sich darin wiederfinden, sich mit diesem identifizieren und in Resonanz gehen (Messerschmidt 2015, S. 363). Häufig kann der Coach anhand der Körpersprache sehr deutlich erkennen, welche Bilder besonders stark wirken. Tatsächlich ist es auch hier der Fall. Die Geschäftsführerin hat sich für „ihr" Bild entschieden. Sie ist tief berührt, fast überwältigt von dem ausgesuchten Bild und beginnt sogar ein wenig zu weinen. Ich lasse ihr ungestört Zeit mit ihrem Bild. Ihr Weinen ist ein Zeichen, dass sie eine starke emotionale Verbindung zu ihrem Bild hat, die ich nicht stören oder unterbrechen möchte.

6. Prozess der Bedeutungsgebung

In dieser zentralen Phase stößt der Coach einen Dialog zwischen bewusster und unbewusster Ebene an, um die unbewusste Bedeutung des Bildes für den Kunden schrittweise zu entwickeln und bewusst zu machen. Hierfür gestalte ich einen entspannten Dialog und nutze einen indirekten, weichen Kommunikationsstil, mit

---

[3]Alternative Formulierung, wenn der Coach mit einem Kunstdruck arbeitet: „Ich zeige Ihnen jetzt einen Kunstdruck. Schauen Sie sich bitte das Bild an, lassen Sie es ein wenig auf sich und Ihre Gefühle wirken. Wählen Sie dann die Person auf dem Bild aus, die Sie aktuell sind / gerne sein möchten".

dem ich die Kundin in ihre Gefühlswelt einlade. Im engen Kontakt miteinander arbeiten wir gemeinsam die tiefere Bedeutung des Bildes für sie heraus, mit dem Ziel, dass sie Klarheit und Erkenntnisse über sich selbst als Person gewinnt. Ich als ihr Coach bin der Prozessverantwortliche, sie ist Expertin für die inhaltlichen Themen ihres eigenen Lebens. Situativ wechsle ich zwischen drei verschiedenen Ebenen: einer emotional-empathischen Ebene, einer analytischen Beobachterebene und einer metakognitiven Prozesssteuerungsebene.

Die Kundin formuliert zunächst spontan alle positiven Assoziationen und Gefühle, die dieses Bild (das Symbol) bei ihr auslöst. Ziel ist, im Austausch mit dem Bild eine Fülle von Assoziationen und Empfindungen zu generieren, die im anschließenden Reflexionsprozess bewusst gedeutet und mit ihr und ihrer Situation in Zusammenhang gebracht werden können (Krause und Storch 2010, S. 20).

Ich notiere sämtliche Assoziationen und Aussagen und nehme dabei eine unvoreingenommene und wertschätzende Grundhaltung ein. Ich verhalte mich respektvoll, feinfühlig, agiere geduldig und flexibel, höre gut zu und bin präsent (Schreyögg 2012). Ab und zu biete ich eigene Assoziationen an und achte auf die Körpersprache der Kundin, um wahrzunehmen, ob meine Assoziationen bei ihr positive Resonanzen auslösen. Auf keinen Fall versuche ich, sie von meinen Ideen zu überzeugen oder gar zu überreden!

Anschließend rege ich eine Reflexion über die gebildeten Assoziationen an und frage sie, was sie denkt, worum es ihrem Unbewussten eigentlich gehen könnte. Damit möchte ich den Austausch von bewusster und unbewusster Ebene anstoßen mit dem Ziel, dass sie die Botschaften ihrer unbewussten Bedürfnisse bewusst erkennt. Sie wirkt sehr nachdenklich. Mit Erstaunen begreift sie, dass sie sich in den letzten 10 Jahren über ihre Arbeit in ihrem Unternehmen „komplett vergessen" habe. Jahrelang habe allein ihr Unternehmen an erster Stelle gestanden und sie habe sich und ihre Bedürfnisse ignoriert und vernachlässigt. „Das wird sich ab jetzt ändern!", entscheidet sie spontan.

7. Transfer

Wir arbeiten heraus, was diese Erkenntnisse für sie bedeuten. Unter der Fragestellung „Wie wirken sich Ihre Erkenntnisse auf Ihr aktuelles Leben und Arbeiten aus? Was werden Sie ab morgen anders tun?" entwickelt die Kundin im Coaching-Dialog Ideen, wie sie zukünftig stärker auf ihre Bedürfnisse achten und diese wieder zu neuem Leben erwecken kann. Sie ist fest entschlossen, sich sowie ihre Gesundheit und ihre Bedürfnisse ernst zu nehmen, ihr Unternehmen hintenanzustellen und im Coaching an ihrer Work-Life-Integration zu arbeiten.

8. Abschluss
Die Kundin wirkt gleichzeitig erschöpft und zufrieden. Ich gebe ihr eine Kopie ihres Bildes mit. Dies ist aus zwei Gründen wichtig: Erstens unterstützt das Bild als Erinnerungshilfe die Nachhaltigkeit des Veränderungsprozesses, zweitens gehört das Bild, mit dem die Kundin sich identifiziert zu ihr, da es ein „Spiegel ihres Selbst" ist. Die Kundin schaut ihr Bild bewegt und glücklich an. Sie nimmt es mit, um es einzuscannen, als Handy-Hintergrundbild zu nutzen und es auf ihrem Schreibtisch aufzustellen.

9. Folgeprozess
Im Nachgang integrieren wir ihr Bild regelmäßig in den Coachingprozess und nutzen es als Wegweiser für weitere Entwicklungsschritte.

Reflexion

Persönliche Bedürfnisse sind selten bewusst (vgl. Rauen et al. 2009, S. 149). Bilder unterstützen dabei, unbewusste Bedürfnisse wahrzunehmen. Sie sind wie ein Medium, eine Brücke oder eine Übersetzungshilfe zwischen bewusstem Verstand und unbewussten Ebenen. Kann sich der Kunde mit einem Bild stark identifizieren, gewinnt er Zugang zu unbewussten Aspekten. Er denkt intensiv über sich nach und erforscht sich und seine Gefühle im Dialog mit dem Bild. In diesen Momenten werden Bilder zum „Spiegel" impliziter Aspekte, was tief berührend sein kann. Der Kunde identifiziert bislang unbewusste Bedürfnisse, Ziele und Lebensthemen, die jetzt in den Coachingprozess einbezogen und bewusst bearbeitet werden können und kann erkennen, wonach er im Leben wirklich sucht und was ihm fehlt. Erfahren Kunden in der Arbeit mit Bildern bislang sehr stark vernachlässigte zentrale Bedürfnisse und Sehnsüchte, so löst dies häufig starke Gefühle aus (Hüther, zitiert nach ebd. et al. 2010, S. 67). Bilder dienen also als Wegweiser für wesentliche unbewusste Themen.

In diesem Fall wollte die Geschäftsführerin an Themen wie Führung, Prozesse, Mitarbeiterbindung arbeiten und hatte sich selbst mit ihren Bedürfnissen nicht im Fokus ihrer bewussten Aufmerksamkeit. Dies ist in Überforderungssituationen häufig der Fall, da Menschen dann von einem unbewussten „Autopiloten" gesteuert werden, der das Funktionieren sicherstellt aber verhindert, dass die Person ihre Bedürfnisse wahrnehmen kann. Hätten wir an den von ihr präsentierten Oberflächenthemen gearbeitet, hätte ihr das Coaching vermutlich wenig gebracht. Bilder können den tatsächlichen Beratungsbedarf offenlegen und das eigentliche Anliegen erkennen lassen. Sie bieten frühzeitig konkrete Ansatzpunkte für zielgerichtete Interventionen und steigern damit Effizienz und Effektivität von Coachingprozessen. Das Erkennen wichtiger impliziter Bedürfnisse, Werte oder Motive ist die Grundlage, stimmige Veränderungsabsichten zu entwickeln und ein ausgewogenes, gesundheitsförderliches und zufriedenstellendes Leben zu führen.

Typische Anliegen für die Arbeit mit Bildmaterialien

7

Die Intervention mit Bildmaterialien ist für ein breites Themenspektrum einsetzbar: von Berufsfindung, Persönlichkeitsentwicklung, Work-Life-Balance bis hin zu Entscheidungen treffen, Transition-Coaching, Selbstmanagement. Bilder sind vielseitig, sie eignen sich für den Umgang mit schwierigen Situationen, zum Klären eigener diffuser Anliegen und Bedürfnisse, als Verstärker bei Selbstmanagementvorhaben und, und, und… Bilder werden eingesetzt um Kunden an ihre Vorhaben zu erinnern und sie zu unterstützen, diese konsequent umzusetzen. Am häufigsten werden sie als Einladung in eine intuitive, gefühlsmäßige Ebene oder als Ressourcenquelle eingesetzt (vgl. Messerschmidt 2015, S. 232).

Anhand der folgenden Fallbeispiele werden verschiedene Einsatzmöglichkeiten von Bildmaterialien verdeutlicht.[1]

7.1 Ein Bild als Richtschnur für den gesamten Veränderungsprozess

Ein Kunde wollte es mit einem Coaching schaffen, sich im Beruf besser abzugrenzen. Er fühlte sich müde und ausgepowert und wollte lernen, besser auf sich zu achten. Wir hatten in zwei Sitzungen bereits einige Abgrenzungs-Strategien erarbeitet, aber es fiel ihm nach wie vor schwer bzw. es war ihm fast unmöglich „Nein zu sagen". Ich entschied mich, Bilder einzusetzen, um unbewusste

---

[1]Wenn nicht anders erwähnt, bezieht sich die Autorin auf die Ergebnisse ihrer Forschungsarbeit (vgl. Messerschmidt 2015) bzw. auf Auszüge dieser Arbeit (vgl. Messerschmidt 2018).

Aspekte stärker in den Prozess einzubringen. Er war zunächst skeptisch. Nachdem er jedoch „sein" Bild gefunden hatte, verwandelte sich sein Vorbehalt in Freude. Sein Bild stellte eine majestätisch wirkende Schachfigur dar. Er schien tief in das Bild versunken. Dann äußerte er spontan und entschieden: „Genau so will ich sein! Ich wirke auf meine Kollegen und Chefs nicht so selbstbewusst und kühl-distanziert, sondern bin immer so freundlich und zu hilfsbereit. Das werde ich ändern".

Der gesamte Coachingprozess wurde konsequent auf dieses Zielbild ausgerichtet. Der Kunde entwickelte Optionen, sich souverän abzugrenzen. Er setzte seine Ideen im Alltag um und prüfte in den nachfolgenden Sitzungen, inwieweit er seinem Ziel nähergekommen war. Zum Abschluss des Prozesses nahmen wir eine Evaluation vor, bei der er den Zielerreichungsgrad einschätzte. Der Kunde zeigte sich sehr zufrieden mit dem Prozess. „Jetzt im Nachhinein denke ich, war es mir schon die ganze Zeit klar, was ich hätte machen sollen. Aber vor der Arbeit mit Bildern war es mir nicht so deutlich bewusst. In dem Bild konnte ich genau erkennen, wie ich das mit dem Abgrenzen schaffen könnte".

Reflexion

Das Bild präsentierte dem Kunden die perfekte Lösung für sein Abgrenzungsproblem. Es löste bei ihm Selbstreflexionsprozesse aus und er verglich seine reale Ist-Situation mit der für ihn auf dem Bild repräsentierten idealen Soll-Situation. Er erkannte Defizite, die zu konkreten Veränderungsabsichten führten und ihm zeigten, wie er seine Ziele im Coaching erreichen konnte.

7.2   Kongruente Ziele entwickeln

Ein 45-jähriger Geschäftsführer, Inhaber eines Familienunternehmens kam mit diffusen Unzufriedenheitsgefühlen in das Coaching. Er habe „alles, was man sich wünschen kann: Eine tolle Familie, eine wunderbare Frau, Freunde, einen anspruchsvollen Beruf", über den er von seiner Umwelt Achtung und Anerkennung erfuhr. Aber seit zwei Jahren fühle er sich lustlos, müde und genervt. Angesichts der diffusen Symptome arbeiteten wir mit Bildern. Ich zeigte ihm einen Kunstdruck mit verschiedenen Tieren und bat ihn, sich ein Tier auszusuchen, das ihn aktuell repräsentiere. Er suchte sich ein Kamel aus. Ich fragte ihn, für welche Eigenschaften das Kamel stehe. „Zuverlässigkeit, Beständigkeit, Zielorientierung, Durchhaltevermögen". Dann bat ich ihn, sich ein weiteres Tier – das Tier, das er in Zukunft gerne wäre – auszusuchen. Er suchte sich galoppierende Pferde aus. Auf der Suche nach Assoziationen und Bedeutungen, die dieses Bild in ihm auslöste, erzählte er von einem Studiensemester in den USA, von Freiheit und Ungebundenheit, von Abenteuern. Ihm wurde deutlich, was ihm fehlte und wohin er sich entwickeln wollte: Er wolle seine Freiheit wiederhaben. Sein jetziges Leben sei ein einziges „Pflichtenheft", das könne er nicht mehr aushalten, sonst würde er krank werden.

> **Reflexion**
>
> In der Arbeit mit den Tierbildern und der Reflexion über die jeweiligen Qualitäten und Fähigkeiten, die er mit diesen Tieren verband, realisierte der Kunde sein Entwicklungspotenzial. Er erkannte klar und deutlich, dass er nicht sein eigenes Leben lebte, sondern die Erwartungen anderer erfüllte, in diesem Fall vor allem die seines Vaters. Es dauerte einige Coaching-Sitzungen, bis er seine Bedürfnisse erkennen, benennen und dazu stehen konnte und er entsprechend umfassende Änderungen in seinem Leben vollzogen hatte. Während des Prozesses wirkte er zunehmend zufrieden, elanvoll und glücklich.

7.3   Schwierige Situationen erfolgreich bewältigen

Bildmaterialien können helfen, eine gute Haltung den Umgang mit herausfordernden Situationen zu finden. Im vorliegenden Fall wurde eine sehr junge Mitarbeiterin, die bei ihrem Unternehmen erst kürzlich eingestellt worden war, überraschend von ihrer Vorgesetzten zur neuen Teamleitung befördert. Sie fühlte sich gleichzeitig geschmeichelt, hatte aber auch Bauchschmerzen, da sie befürchtete, die in sie gesetzten Erwartungen nicht erfüllen zu können. Ihr Team bestand aus langjährigen Mitarbeitern, die einige Zeit ohne Führungskraft eigenständig gearbeitet hatten und favorisierten, dies auch weiterhin tun zu können.

Ein Transition-Coaching sollte die junge Führungskraft unterstützen, Autorität und Durchsetzungskraft zu gewinnen. Wir arbeiteten mit ressourcenhaltigen Bildern. Sie suchte sich ein Bild von einem kleinen Kätzchen aus, das in der Hand eines Menschen gehalten wurde und dem es augenscheinlich sehr gut ging.

Gemeinsam arbeiteten wir die Bedeutung des Bildes heraus. Für sie drückte das Motiv Geborgenheit aus, die ihr sehr fehle. Sie habe erst kürzlich Freunde und Familie verlassen, um das attraktive Jobangebot in einer anderen Stadt anzunehmen. Jetzt habe sie den Eindruck, sie hätte sich zu weit rausgewagt und wolle „einfach nur wieder zurück nach Hause".

Wir erarbeiteten einige Strategien, wie sie den Wunsch nach Geborgenheit in ihrem neuen Leben realisieren könne, z. B. über regelmäßige Besuche und Telefonate mit ihren besten Freunden. Zudem setzte sie in der Firma an ein bis zwei

Tagen der Woche Homeoffice durch, damit sich am Wochenende die weite Fahrt nach Hause lohnte. Diese Maßnahmen reichten für sie aus, um für ihre neue Aufgabe gestärkt zu sein. Im weiteren Prozess gestaltete sie ihre neue Rolle nach ihren eigenen Vorstellungen, gewann an Durchsetzungskraft und Autorität und zog nach einiger Zeit auch ihre Mitarbeiter mit.

Reflexion
Auf den ersten Blick schien die Bildauswahl (Geborgenheit) ihrem bewussten Wunsch nach mehr Durchsetzungskraft zu widersprechen. Die Bildauswahl offenbarte jedoch, dass die Erfüllung des unbewussten Bedürfnisses „Geborgenheit" Voraussetzung war, um die neue Führungsaufgabe erfolgreich bewältigen zu können. Krause und Storch (2010, S. 34 f.) sprechen hier von konfligierend ergänzten bewussten Motiven, weil das unbewusste Bedürfnis („Geborgenheit") und das bewusste Motiv („Durchsetzungskraft") auf den ersten Blick nicht vereinbar sind, sich dann bei weiterer Reflexion jedoch als wichtige Ergänzung herausstellen.

7.4 Sein Potenzial zeigen

Eine weibliche Führungskraft kam ins Coaching, um sich in Richtung einer höheren Führungsebene zu entwickeln. Sie beklagte sich, dass sie sich als Frau von ihren dominanten männlichen Kollegen und ihrem „antiquierten" Chef immer wieder ausgebremst fühle. Als „richtig schlimm" empfand sie aber, dass sie sich in schwierigen Situationen selbst nicht auf sich verlassen könne und ihren Kollegen und ihrem Chef damit recht gab. Sie klagte: „Immer, wenn es darauf ankommt, gelingt es mir nicht, mein Potenzial zu zeigen! Bei wichtigen Präsentationen oder Meetings bin ich wie blockiert und habe Angstgefühle oder bin eingeschüchtert." Wir arbeiteten mit Bildern um den bewussten Wunsch und das unbewusste Bedürfnis zu synchronisieren.

Sie suchte sich ein Bild mit einem Baum aus und entwickelte mit den – für sie – positivsten Assoziationen das handlungsleitende Motto: „Mein Boden! Hier bestimme ich." Sie strahlte – die Passung zum Bild und zum Motto war körpersprachlich sichtbar. In den nächsten Coaching-Sitzungen entwickelten wir konkrete Strategien für schwierige Situationen. Diese setzte sie zunächst bewusst und zunehmend auch unbewusst erfolgreich um und konnte ihr Potenzial auch nach außen zeigen.

Reflexion

Bilder können den Zugang zu verschütteten Ressourcen, Kraftquellen und Kompetenzen offenlegen und Kräfte freisetzen um herausfordernde Entwicklungsschritte erfolgreich zu gehen.

Bilder können den Zugang zu verschütteten Ressourcen, Kraftquellen und Kompetenzen offenlegen und Kräfte freisetzen um herausfordernde Entwicklungsschritte erfolgreich zu gehen.

7.5 Gefühle verbalisieren

Im vorliegenden Fall kam eine sehr stark rational wirkende Führungskraft in das Coaching. Er litt sehr darunter, dass seine Mitarbeiter und Kollegen ihn ausgrenzten und wollte Strategien entwickeln, um sich zu wehren. Mir fiel auf, dass er sich einerseits in einer schwierigen Situation befand, es ihm andererseits augenscheinlich sehr schwerfiel, über seine Gefühle zu sprechen.

Ich präsentierte ihm einen Kunstdruck mit einer Jahrmarktsituation, bei der verschiedenste Situationen abgebildet waren und bat ihn, zu zeigen, an welchem Ort auf diesem Bild er gerne wäre und wo er auf keinen Fall sein wolle. Seine Negativsituation war die Geisterbahn. Positiv angesprochen fühlte er sich von einem jonglierenden Clown. Wir reflektierten die Bedingungen und Umstände beider Orte. Er setzte sich mit seinen Gedanken, Gefühlen und Assoziationen, die an diesen Orten entstanden, auseinander. Zusätzlich sollte er beschreiben, wo er seine Kollegen, seine Mitarbeiter und seinen Chef auf diesem Bild positionieren würde. Im Gespräch wurde ihm bewusst, dass er seine Situation als gespenstisch erlebte, weil er die Reaktionen der anderen nicht einordnen konnte. Er müsse sich unbedingt aus dieser Geisterbahn-Situation befreien. Wir fanden Lösungsansätze, mit denen er die Situation zukünftig mit Abstand und Humor aus der Clown-Perspektive betrachten könnte. Im Verlauf des Prozesses erhellte sich seine Stimmung zunehmend. Zudem entschied er, mit seinem Chef zu sprechen. Bisher habe er die Situation alleine lösen wollen. Über die Arbeit mit dem Bild habe er erkannt, dass sein Chef, den er als mutigen, kraftvollen Löwen in der Manege beschrieben hatte, ihn unterstützen könne und solle.

Reflexion

Bilder fördern eine positive Stimmung im Coachingprozess. Dies unterstützt die Bearbeitung negativer Erfahrungen. Außerdem wirken Bilder indirekt öffnend und erleichtern das Sprechen über tiefe Gefühle. Der Kunde konnte sein Anliegen ausdrücken, musste sich aber nicht zu sehr öffnen und über seine Gefühle sprechen. Gleichzeitig boten die Bilder auch die Möglichkeit, in Distanz zu seinen Gefühlen zu gehen und diese aus einer Metaperspektive mit Abstand zu betrachten. Darüber war es ihm möglich, diese für ihn stark negative Situation im Coachingprozess mit einem fremden Coach intensiv zu bearbeiten und Lösungen zu finden.

7.6   Emotionen steuern

Der Leiter einer Vertriebsabteilung war nach seiner Selbstbeschreibung nicht in der Lage, Emotionen gut steuern zu können. Bei Kollegen und Mitarbeitern war er wegen seiner explosionsartigen Wutanfälle bekannt. Die Fluktuation in seiner Abteilung war sehr hoch. Er wurde vom Management angehalten, sich zu verändern. Daher kam er nicht ganz freiwillig ins Coaching. Es gelang mir, sein Vertrauen ein wenig zu gewinnen. Er habe schon einige Versuche unternommen, sich selbst besser in den Griff zu bekommen. Seine bisherige Strategie, Emotionen zu unterdrücken, habe bislang nur wenig dauerhaften Erfolg gehabt. Wir arbeiteten mit Bildern. Zum einen, weil die emotionale Ebene über Bilder besser beeinflusst werden kann, zum anderen, weil er für ein Coaching nur wenig offen schien. Ich schlug ihm vor, die Phase der Bedeutungsgebung so zu gestalten, dass ich ihm Fragen stellte und er darüber entscheiden konnte, welche Aussagen er offen äußern und welche Gedanken er für sich behalten wollte. Er suchte sich ein Bild von einem Buddha aus, welches bei ihm starke positive Gefühle auslöste.

Im Nachgang zu dem Coaching hängte er dieses Bild in seinem Büro auf. Ein weiteres Buddha-Bild begleitete ihn zu sämtlichen Meetings. Wenn abzusehen war, dass Gespräche mit Mitarbeitern schwierig werden könnten, legte er dieses Bild vor sich hin, um ruhig zu bleiben. Darüber gelang es ihm, seine Emotionen deutlich besser zu steuern.

Reflexion

Bilder bringen im Vergleich zu sprachlichen Methoden eine neue Qualität in den Coachingprozess ein. Vor allem dann, wenn Kunden bereits andere Lösungsversuche ohne Erfolg unternommen haben, kann der Einsatz von Bildern eine aussichtsreiche alternative Interventionsform sein. Bilder bieten die Möglichkeit, dem Kunden die Entscheidung zu überlassen, was sie äußern möchten und was nicht (Greif 2008, S. 116). Dies schafft Vertrauen. Zudem konnten wir uns über das Bild auf einer gemeinsamen emotionalen Ebene begegnen, was sich in dieser schwierigen Konstellation – ein zum Coaching geschickter Kunde – positiv bemerkbar machte.

Schwierige Situationen

8

Im Folgenden werden einige schwierige Situationen und Hindernisse beschrieben, die bei der Arbeit mit Bildmaterialien vorkommen können.

8.1 Keine Wirkung

Im Coaching mit einer Marketing-Führungskraft, die lernen wollte, zielgerichteter zu kommunizieren, setzte ich Bilder ein. Sie betrachtete die Bilder und wählte dann eines aus. Körpersprachlich gab es keine Anzeichen für eine Wirkung. Ich fragte sie, welche Gefühle dieses Bild bei ihr auslöse, sie entgegnete: „Gefühle, ganz schöne… Aber eher Gedanken zu Kontrast, Bildkomposition, Beleuchtung". Ich interpretierte: Bei ihrem geschulten und professionellen „Marketing-Auge" sprang bei Bildern sofort der analytische Verstand an und verhinderte den Zugang zu unbewussten Ebenen. Ich gab ihr eine Erklärung, die sie als Person nicht infrage stellte: „Bei Menschen, die sich professionell mit Bildern befassen, zeigt die Methode eher selten eine gefühlsmäßige Wirkung".

Reflexion

Die professionelle Beschäftigung mit Bildern kann bei Menschen, die sich beruflich mit Bildern befassen dazu führen, Bilder mit dem Verstand zu analysieren. Daher sollte der Coach darauf achten, inwieweit sich seine Kunden von Bildern tatsächlich emotional ansprechen lassen.

© Springer Fachmedien Wiesbaden GmbH, ein Teil von Springer Nature 2019
J. Messerschmidt, *Professionell coachen mit Bildmaterialien,* essentials,
https://doi.org/10.1007/978-3-658-23692-2_8

8.2   Im zweiten Anlauf

Das Anliegen einer älteren Führungskraft war, proaktiver handeln und entscheiden zu können. Als Bild wählt er einen Gepard, den er mit Schnelligkeit, Kraft und Stärke in Verbindung brachte. Allerdings zeigte der Kunde bei der Betrachtung des Bildes keinerlei Wirkung auf der körpersprachlichen Ebene, obwohl seine Mimik sonst recht ausdrucksstark war. Auch die Phase der Assoziationsbildung verlief wenig energievoll. Ich gewann den Eindruck, dass das Bild nicht so ganz passte, um sein Unbewusstes mit im Boot zu haben. Als auch die nächste Coaching-Sitzung eher stockend verlief, schlug ich humorvoll und gleichzeitig nachdrücklich vor, die Bildauswahl zu wiederholen. Er ließ sich darauf ein. Seine Wahl fiel beim zweiten Durchgang auf ein kleines Nilpferd, das er mit Überblick, Ruhe und Kraft in Verbindung brachte. Bei diesem Bild strahlte er.

Reflexion
Meine Hypothese war, dass er sich das Bild überwiegend mit dem Verstand bewusst ausgesucht hatte, im Sinne von: „Ich möchte agiler sein, also wähle ich ein agiles Tier". Dieses Beispiel zeigt, wie wichtig es in der Arbeit mit Bildern ist, mit dem Kunden in engem Kontakt zu sein, seine Körpersprache sehr genau wahrzunehmen und zu interpretieren. Das Unbewusste zeigt sich nicht verbal, sondern drückt sich körperlich aus. Daher spricht Damasio (2012, S. 213) auch davon, dass der Körper die „Bühne der Gefühle" ist.

8.3   Nachhaltigkeit erzielen

Bilder wirken häufig sehr stark, allerdings ist diese Wirkung nicht immer bleibend. Das bedeutet, die Bilder und die darüber gewonnenen Erkenntnisse kontinuierlich in den weiteren Prozess einzubeziehen. Unterstützend wirkt, wenn Kunden die Bilder mehrmals am Tag bewusst oder unbewusst (sog. „Priming") anschauen und sie als Bildschirmfoto nutzen oder im Raum aufhängen. Zudem hat das ZRM® auf der Basis neurophysiologischer Erkenntnisse verschiedenste Ansätze entwickelt, wie die Wirksamkeit der Bilder im Alltag stabilisiert werden kann (vgl. Storch und Krause 2014, S. 147 ff.).

Grenzen und Herausforderungen: Damit können Sie rechnen!

Bilder laden dazu ein, als Auflockerung oder nette Abwechslung in den Coachingprozess einbezogen zu werden. Dieses Kapitel verdeutlicht, warum es nicht damit getan ist, einfach „schöne Bildchen" hinzulegen.

9.1 Wenn ein Bild Angst macht

Ein Geschäftsführer kam mit der Eigendiagnose „Midlifecrisis" in ein Coaching. Er wählte ein Bild mit Bergen. Dieses Bild assoziierte er mit Freiheit, Energie und Bewegung. Er wirkte befreit und glücklich und entwickelte Pläne zur Umsetzung. In der Folgesitzung reagierte er jedoch hoch emotional und abwehrend. Er wolle nicht mehr mit Bildern arbeiten, das sei nichts für ihn und er wolle auch nicht mehr über die letzte Coaching-Stunde reden. Ich entsprach seinem Wunsch. In der nächsten Sitzung schilderte er, was in der Arbeit mit Bildern passiert war: Er fühlte sich durch seine starken Freiheitsgefühle überrannt und irritiert. Nie habe er das für möglich gehalten. Er habe sich selbst nicht mehr über den Weg getraut und befürchtet, sein altes Leben hinter sich lassen zu müssen, wenn wir mit den Bildern weitergearbeitet hätten. Das aber, habe er im Nachgang nach der Arbeit gemerkt, wolle er nicht. Im weiteren Verlauf des Prozesses fanden wir Ansatzpunkte, wie er den unbewussten Wunsch nach Freiheit in sein aktuelles Leben integrieren konnte.

Reflexion

Das ausgesuchte Bild löste bei dem Kunden tiefe und starke positive Gefühle aus und zeigte dem bewussten Verstand deutlich, was ihm fehlte. Dieser innere – bislang unbewusste – Konflikt zwischen Verstand und Gefühl wurde über die

Arbeit mit Bildern sehr stark sichtbar (vgl. Krause und Storch 2010, S. 36). Angesichts der Tiefe und Vehemenz seiner Gefühle, die ihn zum Handeln aufforderten, sah er keinen anderen Weg, als sich der Situation zu entziehen. Nachdem er sich wieder stabilisiert hatte und sicherer fühlte, war er bereit, hinzuschauen und nach Lösungen zu suchen um bewusste und unbewusste Aspekte zu synchronisieren.

9.2   Angst vor der eigenen Courage

Eine junge Frau befand sich in einem intensiven Entscheidungsdilemma. Sie wusste nicht, ob sie bei ihrem langjährigen Freund bleiben oder ein attraktives Jobangebot im Ausland annehmen sollte.

Um auch ihr Unbewusstes in diesen Prozess einzubeziehen, arbeiteten wir mit Bildern. Sie suchte sich ein Bild mit einem Schiff aus, das für sie „Ich bewege mich zu neuen Ufern!" symbolisierte. Sie wirkte befreit und erleichtert und verließ das Coaching strahlend. Überrascht war ich, dass sie sich zwei Tage später bei mir meldete und ihre Entscheidung revidiert hatte. Sie habe Angst vor der eigenen Courage bekommen und traue sich noch nicht, ihren eigenen Weg zu gehen. Trotzdem sei sie zufrieden mit dem Coaching, da es ihr den richtigen Weg gezeigt habe.

Reflexion

Dieser Fall zeigt die Wichtigkeit, sich im Coaching ausreichend mit der Umsetzung und Realisierung des unbewussten Wunsches zu befassen und zu prüfen, inwieweit der Verstand mit den starken Gefühlen mitgehen möchte. Zudem wird deutlich, dass die emotionale Begeisterung, die manchmal in der Arbeit mit Bildmaterialien entsteht, nach ein paar Tagen nachlassen kann.

9.3   Wenn es tiefer wird als gedacht

Eine Frau wollte an ihren Karriereoptionen arbeiten. Im Coaching arbeiteten wir mit Bildern. Sie entschied sich für ein Bild mit einem Wolf. Der weitere Prozess verlief wie geplant. Am Abend meldete sie sich telefonisch bei mir und schien verzweifelt. Die Welt sei über ihr zusammengebrochen. Alles, was sie sich seit der Trennung von ihrem Mann in den letzten fünf Jahren mental aufgebaut habe, sei durch das Bild zunichte gemacht worden. Sie laufe als einsamer Wolf durch das Leben, das sei ihr bewusst geworden. Diese Erkenntnis wühle sie sehr auf und mache sie traurig. Sie habe gedacht, sie habe die Trennung überwunden, was allerdings – wie sich herausgestellt habe – nicht der Fall sei.

Reflexion

Über die Arbeit mit Bildern können zentrale, subjektiv bedeutsame und aktuell unbewusste Lebensthemen sichtbar werden und als wichtige Aspekte in den Beratungsprozess integriert werden. Allerdings kann es durchaus sein, dass der Kunde nicht vorhersehbar von der Vehemenz dieser zentralen, unbewussten Lebensthemen überwältigt wird, womit der Coach professionell umgehen können muss.

9.4 Plädoyer für einen professionellen und reflektierten Bildeinsatz

Bilder fördern den Zugang zu Emotionen und haben eine sehr stark öffnende Wirkung. Ein Coach, der Bilder einsetzt, sollte sich bewusst sein, dass Bilder eine sehr mächtige Intervention sind und der Coaching-Rahmen damit leicht verlassen werden kann. Wichtig ist, dass der Coach eigene Erfahrungen mit dieser Methode gemacht und sich mit ihr und deren Wirkungen auseinandergesetzt hat. Auch sollte er über eine fundierte Beraterausbildung verfügen, um die potenzielle Tiefe erkennen, nutzen und verantwortungsvoll mit ihr umgehen zu können. Zudem sollte Coaches weder mit Bildmaterialien noch über Fragen negative Gefühle oder Ängste auslösen.

Relevanz des Bildeinsatzes für Führungskräfte-Coachings

Die aktuelle Hirnforschung bestätigt, dass menschliches Wahrnehmen, Fühlen, Denken und Erleben überwiegend von unbewussten Prozessen gesteuert wird. Dennoch setzen viele Unternehmen auch in ihrer Führungskräfteentwicklung einseitig auf den bewussten Verstand und nutzen die wertvollen Erfahrungen der Intuition bzw. des emotionalen Erfahrungsgedächtnisses als Sitz der menschlichen Lebenserfahrung nur wenig. Angesichts der dynamischen technologischen, gesellschaftlichen und wirtschaftlichen Entwicklungen erleben viele Entscheidungsträger aktuell Gefühle von Verunsicherung, Irritation und Stress. Sie spüren, dass ihre gewohnten Denk- und Verhaltensmuster nicht mehr zum Erfolg führen. Etwas Neues muss her. Viele Führungskräfte erhoffen sich dann eine Orientierung von außen: „Wie soll ich führen? Was macht mich erfolgreich?" Sie suchen mit dem Verstand im Außen was nur in ihrem unbewussten Inneren zu finden ist: Sicherheit, Gewissheit, Sinn und Vision. In der Konsequenz können Führungskräfte nicht entsprechend ihrer unbewussten Bedürfnisse, Werte und Einstellungen handeln, da sie sich nicht mit ihnen auseinandergesetzt haben, bzw. sie überhaupt nicht kennen. Sie richten sich nach äußeren Trends und wirken dabei nur wenig authentisch, kraftvoll, souverän und überzeugend. Wer möchte diesen Menschen in eine ungewisse Zukunft folgen?

Neue Wege des Denkens und Handelns sind also erforderlich, um sich in der dynamischen und hochkomplexen Welt selbstkongruent und Orientierung gebend bewegen zu können. Die Entwicklung zu einer leistungsstarken Führungspersönlichkeit, die sich, ihre Mitarbeiter und ihr Unternehmen in herausfordernden, ungewissen und mehrdeutigen Situationen authentisch und wirksam führt, setzt eine mutige und reflektierte Auseinandersetzung mit der eigenen Persönlichkeit voraus. Darüber können bislang unbewusste Werte, Einstellungen, Zweifel und Ängste entdeckt, akzeptiert und in die bewusste Persönlichkeit integriert werden.

© Springer Fachmedien Wiesbaden GmbH, ein Teil von Springer Nature 2019
J. Messerschmidt, *Professionell coachen mit Bildmaterialien,* essentials,
https://doi.org/10.1007/978-3-658-23692-2_10

Diese Selbsterkenntnisse sind Voraussetzung, um über sein gesamtes Potenzial effektiv verfügen zu können und schnell, flexibel und erfolgreich in unbekannten, komplexen und hochdynamischen Situationen handeln und entscheiden zu können. Daher kann der Bildeinsatz gerade im Coaching mit Führungskräften bewusste Selbstreflexionsprozesse und authentisches Handeln wirksam unterstützen.

Bilder bringen im Vergleich zu sprachlichen Methoden andere Qualitäten in den Coachingprozess ein. Sie sorgen für Klarheit, reduzieren komplexe Sachverhalte auf zentrale Aspekte und verdeutlichen Zusammenhänge. Damit unterstützen sie die Verständigung zwischen Kunde und Coach (vgl. Schmeer und Liebich 2008, S. 31). Bilder bleiben Menschen länger und deutlicher präsent als Worte, lassen Mehrdeutigkeit und Ambivalenzen zu und integrieren Gegensätze in ein „sowohl als auch". Sie wirken öffnend und einladend für Gedankenexperimente, lassen Veränderbarkeit erkennen und erweitern den Gedanken- und Handlungsraum (vgl. Loehnert-Baldermann 2006, S. 161). Bilder unterstützen die Kommunikation über schwer zu vermittelnde Themen. Sie verbinden Denken und Fühlen (vgl. ebd., S. 171).

Kunden erleben die Arbeit mit Bildern als wenig anstrengend und äußerst effektiv. Sie schätzen, dass in einer angenehmen Atmosphäre konkrete Ergebnisse erzielt und auch tiefgehende Themen entspannt bearbeitet werden können. Für Coaches sind sie eine vielseitig einsetzbare, starke, gut funktionierende Intervention, die Entwicklungsprozesse wirksam unterstützt und deren Einsatz häufig von positiven Gefühlen begleitet wird.

Bilder fördern den Zugang zum Unbewussten, lassen zentrale Bedürfnisse, Werte und Lebensthemen erkennen und unterstützen darüber eine bewusste Entwicklung. Sie öffnen den Zugang zu brach liegenden Ressourcen und Kompetenzen. Die größte Wirkung erzielen ausdrucksstarke, farbige, großformatige und mehrdeutig interpretierbare Bildsammlungen. Bilder und Fotos sind einfach und kostengünstig zu erwerben. Sie können flexibel überall eingesetzt werden. Auch in virtuellen Coachings erfahren Bildverfahren in der globalisierten Arbeitswelt zunehmend Anwendung.

Bildmaterialien können sehr gut mit anderen Interventionen kombiniert werden, z. B. mit dem „Inneren Team", mit „Skalierungen" oder auch mit den „logischen Ebenen von Dilts". Darüber hinaus eignen sie sich sehr gut für Teamentwicklungsprozesse oder in der Konfliktberatung, da sie das Sprechen über Gefühle erleichtern und implizite Bedürfnisse, Werte oder Wünsche sichtbar machen.

Bildmaterialien laden Kunden in ihre Gefühlswelt ein, wodurch die Voraussetzung für bedeutsame Veränderungen geschaffen wird, die manchen Kunden erstaunt, wie ein Coach berichtet: „Manche (Kunden) sind ganz begeistert, manche sind auch noch etwas verunsichert: ‚Kann das denn sein, dass ein solches Bild, das sind ja auch nur Pixel und Punkte, eine solche Wirkung auf mich hat? Ist das Zauberei?'" Nach Hüther (2010, S. 113) „sollte so etwas wie eine tiefe innere Berührung erfolgen, eine möglicherweise schon lange verschüttete Sehnsucht in dem betreffenden Menschen wieder geweckt werden", um konsistente Veränderungsprozesse zu initiieren. Bilder können Wegweiser zu uns selbst sein und eine selbstbestimmte und Zufriedenheit stiftende Lebensführung sowie ein authentisches (Führungs-)handeln in unsicheren, dynamischen und herausfordernden Situationen wirksam unterstützen.

Was Sie aus diesem *essential* mitnehmen können

- Klarheit, wie Sie mit Bildmaterialien umfassende menschliche Veränderungsprozesse wirksam unterstützen können.
- Praktisches Wissen, wie Sie unbewusste Bedürfnisse, Ziele, Motive oder Lebensthemen in den Coachingprozess integrieren.
- Ansatzpunkte, wie Sie beide Gehirnsysteme ansprechen und nachhaltige und kongruente Verhaltensänderungen unterstützen können.
- Konkrete Beispiele aus der Praxis, wofür und wie Sie Bildmaterialien im Coaching einsetzen können.

© Springer Fachmedien Wiesbaden GmbH, ein Teil von Springer Nature 2019
J. Messerschmidt, *Professionell coachen mit Bildmaterialien,* essentials,
https://doi.org/10.1007/978-3-658-23692-2

Literatur

Baur, J. (2010). Neurowissenschaften und Supervision – ein Überblick. In W. Knopf & I. Walther (Hrsg.), *Beratung mit Hirn – Neurowissenschaftliche Erkenntnisse für die Praxis von Supervision und Coaching: Bd. 2 der Reihe „Supervision – Coaching – Organisationsberatung" der ÖVS und des BSO* (S. 11–37). Wien: Facultas.

Briendl, L. (2008). *Bilder als Sprache der Seele*. Düsseldorf: Patmos.

Damasio, A. R. (2010). *Selbst ist der Mensch – Körper, Geist und die Entstehung des menschlichen Bewusstseins* (3. Aufl.). München: Siedler Verlag.

Damasio, A. R. (2012). *Descartes' Irrtum* (7. Aufl.). Berlin: List.

Dietz, T., Holetz, K., & Schreyögg, A. (2010). Begriffsbestimmung. In Deutscher Bundesverband Coaching e. V. (Hrsg.), *Leitlinien und Empfehlungen für die Entwicklung von Coaching als Profession* (3., erw. Aufl., S. 18–19). Wetzlar: wd print + medien.

Grant, A. M. (2006). An integrative goal-focused approach to executive coaching. In D. R. Stober & A. M. Grant (Hrsg.), *Evidence Based Coaching Handbook* (S. 153–192). Hoboken: Wiley.

Graubner, E., Laser, K., Schoppe, G., & Zügge, P. (2011). Kunstcoaching als Zugang zur verbesserten Selbstreflexion. In R. Reinhardt (Hrsg.), *Tagungsband zur 16. Fachtagung der Gesellschaft für angewandte Wirtschaftspsychologie in Stuttgart*. Lengerich: Papst.

Grawe, K. (2000). *Psychologische Therapie* (2. korrigierte Aufl.). Göttingen: Hogrefe.

Grawe, K. (2004). *Neuropsychotherapie*. Göttingen: Hogrefe.

Greif, S. (2008). *Coaching und ergebnisorientierte Selbstreflexion*. Göttingen: Hogrefe.

Hüther, G. (2010). Die ursprüngliche Einheit mit sich selbst. In S. K. Wellensiek (Hrsg.), *Handbuch Integrales Coaching* (S. 110–113). Weinheim: Beltz.

Hüther, G., Tatschl, S., & Walther, I. (2010). Das Gehirn wird so, wie und wofür man es mit Begeisterung nutzt. In W. Knopf & I. Walther (Hrsg.), *Beratung mit Hirn – Neurowissenschaftliche Erkenntnisse für die Praxis von Supervision und Coaching* (S. 62–71). Wien: Facultas.

Kast, V. (2007). Vorwort. In L. Briendl (2008). *Bilder als Sprache der Seele* (S. 8–11). Düsseldorf: Patmos.

Kianmehr, S. (2017). Positives Selbstbild.de. http://positives-selbstbild.de. Zugegriffen: 25. Juni 2018.

Kranz, C. (2011a). *Durch Selbstreflexion zum Erfolg: Potenziale erkennen, Persönlichkeit entwickeln, Ziele erreichen* (2. Überarb. Aufl.) FL-Triesen: Symbolon Verlag.

© Springer Fachmedien Wiesbaden GmbH, ein Teil von Springer Nature 2019
J. Messerschmidt, *Professionell coachen mit Bildmaterialien*, essentials,
https://doi.org/10.1007/978-3-658-23692-2

54

Literatur

Kranz, C. (2011b). *Tierisches Potenzial: Selbstreflexion mit Tierbildern*. FL-Triesen: Symbolon Verlag.

Krause, F., & Storch, M. (2010). *Ressourcen aktivieren mit dem Unbewussten*. Bern: Huber.

Kuhl, J., & Strehlau, A. (2011). Handlungspsychologische Grundlagen des Coaching. In B. Birgmeier (Hrsg.), *Coachingwissen – Denn sie wissen nicht, was sie tun?* (2. aktualisierte u. erw. Aufl.) (S. 173–184). Wiesbaden: VS Verlag.

Loehnert-Baldermann, E. (2006). Arbeit mit Bildern. In S. Hölscher, W. Reiber, K. Pape, & E. Loehnert-Baldermann. *Die Kunst, gemeinsam zu handeln* (S. 161–202). Berlin: Springer.

Martens-Schmid, K. (2011). Wissensressourcen im Coachingdialog. In B. Birgmeier (Hrsg.), *Coachingwissen – Denn sie wissen nicht, was sie tun?* (S. 63–73). Wiesbaden: VS Verlag.

Messerschmidt, J. (2015). *Das Selbst im Bild – Eine empirische Studie zum Einsatz von Bildmaterialien zur Förderung von Selbstreflexions- und Selbstveränderungsprozessen im Einzelcoaching*. Frankfurt a. M.: Lang.

Messerschmidt, J. (2018). Das Selbst im Bild: Mit Bildern Selbstreflexion und Veränderung im Coaching wirksam unterstützen. In Wegener et al. (Hrsg.), *Wirkung im Coaching*. (S. 74–84). Göttingen: Vandenhoek & Ruprecht.

Offermanns, M. (2004). *Braucht Coaching einen Coach? Eine evaluative Pilotstudie*. Stuttgart: ibidem.

Peterson, C. & Seligman (2004). *Character Strengths and Virtues: A Handbook and Classification*. New York: Oxford University Press.

Rauen, C., Strehlau, A., & Ubben, M. (2011). Eine integrative Theorie über die grundlegenden Wirkzusammenhänge im Coaching. In B. Birgmeier (Hrsg.), *Coachingwissen – Denn sie wissen nicht, was sie tun?* (2. aktualisierte u. erw. Aufl.) (S. 147–160). Wiesbaden: VS Verlag.

Roth, G. (2003). *Fühlen, Denken, Handeln – wie das Gehirn unser Verhalten steuert* (Neue, vollständig überarb. Ausgabe). Frankfurt a. M.: Suhrkamp.

Roth, G. (2008). *Persönlichkeit, Entscheidung und Verhalten – warum es so schwierig ist, sich und andere zu ändern* (4. Aufl.). Stuttgart: Klett-Cotta.

Roth, W. (2011). *C.G. Jung verstehen* (2. Aufl. der Neuausgabe von 2009). Ostfildern: Patmos.

Ryba, A. (2018). Coaching und die Rolle des Unbewussten: Neurowissenschaftliche Erkenntnisse für eine wirksame Coaching-Praxis. In Wegener et al. (Hrsg.), *Wirkung im Coaching*. (S. 57–73). Göttingen: Vandenhoek & Ruprecht

Schmeer, G., & Liebich, D. (2008). Warum Malen mehr bringt – Bildnerische Methoden im Coaching. *Managerseminare, 2008*(124), 30–34.

Schreyögg, A. (2001). *Coaching – eine Einführung für Praxis und Ausbildung* (5. Aufl.). Frankfurt a. M.: Campus.

Schreyögg, A. (2012). Kreative Medien in der Supervision – Publikationen/Lehrbriefe. http://www.schreyoegg.de/content/view/19/35/. Zugegriffen: 25. Juni 2018.

Seligman, M. (2011). *Flourish- A Visionary New Understanding of Happiness and Well-Being*. New York: Free Press.

Storch, M. (2011). Embodiment im Zürcher Ressoucenmodell (ZRM). In M. Storch, B. Cantieni, G. Hüther, & W. Tschacher (Hrsg.), *Embodiment. Die Wechselwirkung von Körper und Psyche verstehen und nutzen* (2., erw. Aufl., S. 127–142). Bern: Huber.

Storch, M., & Krause, F. (2014). *Selbstmanagement – ressourcenorientiert* (5. erw. u. vollst. überarb. Aufl.). Bern: Huber.

Trager, B. (2008). *Selbstreflexionsprozesse im Coaching. Die Auswirkungen auf Klienten und deren Umfeld als Einflussfaktoren auf den Coaching-Erfolg.* Saarbrücken: VDM Verlag.

Weber, J. (2018). „Turning Duty into Joy!": Optimierung der Selbstregulation im Coaching durch Mottoziele. In R. Wegener et al. (Hrsg.), *Wirkung im Coaching.* (S. 95–104). Göttingen: Vandenhoek & Ruprecht.

Zum Weiterlesen

Eberhart, H., & Knill, P. J. (2010). *Lösungskunst. Lehrbuch der kunst- und ressourcenorientierten Arbeit.* Göttingen: Vandenhoek & Ruprecht.

Schmidt, G. (2012). *Liebesaffären zwischen Problem und Lösung. Hypnosystemisches Arbeiten in schwierigen Kontexten.* Heidelberg: Carl-Auer.

Storch, M. (2012). *Machen Sie doch, was Sie wollen. Wie ein Strudelwurm den Weg zu Zufriedenheit und Freiheit zeigt.* Bern: Huber.

Storch, M. (2013). *Das Geheimnis kluger Entscheidungen. Von Bauchgefühl und Körpersignalen* (6. Aufl.). Bern: Huber.

Vössing, H. (2007). *Die Kraft innerer Bilder. Imaginationen im Coaching.* Paderborn: Junfermann.

Wellensiek, S. K. (2010). *Handbuch Integrales Coaching.* Weinheim: Beltz.

Printed in the United States
By Bookmasters